Tauber | Der Hitlerputsch 1923

Kriege der Moderne

Herausgegeben vom Zentrum für Militärgeschichte und Sozialwissenschaften der Bundeswehr

Peter Tauber

Der Hitlerputsch 1923

Reclam

Für meine Eltern Heidemarie und Manfred

Zentrum für Militärgeschichte und Sozialwissenschaften der Bundeswehr,
Fachbereich Publikationen (0962-01)

2023 Philipp Reclam jun. Verlag GmbH,
Siemensstraße 32, 71254 Ditzingen
Umschlaggestaltung: Philipp Reclam jun. Verlag GmbH
Umschlagabbildung: Stoßtrupp Hitler, 9. November 1923. – Knorr + Hirth / Süddeutsche Zeitung Photo
Druck und Bindung: Firmengruppe APPL, aprinta druck GmbH,
Senefelderstraße 3–11, 86650 Wemding
Printed in Germany 2023
RECLAM ist eine eingetragene Marke der
Philipp Reclam jun. GmbH & Co. KG, Stuttgart
ISBN 978-3-15-011457-5

Auch als E-Book erhältlich

www.reclam.de

MIX
Papier | Fördert gute Waldnutzung
FSC® C004592

Dieses Buch wurde klimaneutral gedruckt.

Alle CO_2-Emissionen, die beim Druckprozess unvermeidbar entstanden sind, haben wir durch ein Klimaschutzprojekt ausgeglichen.

Nähere Informationen finden Sie hier:

Klimaneutral
Druckprodukt
ClimatePartner.com/13011-2305-1001

Inhalt

↗ **Oberleutnant a. D. Gerhard Roßbach (Bildmitte mit Schirmmütze, 1893–1967) überzeugte die Offizieranwärter, sich im November 1923 auf die Seite der Putschisten zu stellen. Hier mit seinen Männern vor dem Eingang des Bürgerbräukellers, 9. November 1923. Gerade für die junge Generation im rechtsextremen Lager war er eine Identifikationsfigur.**

Die Infanterieschüler

Im September 1923 sind die jungen Soldaten aus den verschiedenen Regimentern und Bataillonen der Reichswehr nach München gekommen. An der Infanterieschule in der Blutenburgstraße wollen sie im Kriegshandwerk geschult werden. Die Einrichtung gehört zu den Waffenschulen, an denen die Reichswehr während der Weimarer Republik die Offizieranwärter der Infanterie-, Kraftfahr- und Pioniertruppe ausbildet. Die angehenden Offiziere, die Fähnriche der Infanterie und die bereits im Weltkrieg beförderten jungen Leutnante werden im Hörsaal, im Gelände sowie in der Turn- und Reithalle auf ihre künftigen Aufgaben vorbereitet. Die Ausbildung im Gefechtsdienst erfolgt auf dem Oberwiesenfeld. Daneben bleibt Zeit, sich kennenzulernen und die Stadt zu entdecken. Die Kameraden im Hörsaal sind die Zukunft der Reichswehr. Und das wissen sie.

Es sind unruhige Zeiten. Die jungen Männer sind national gesinnt, sie diskutieren die politischen Fragen der Zeit. In der Armee sehen sie

Weit verbreitete Verschwörungstheorie: Die Legende, dass ein Dolchstoß in den Rücken des deutschen Heeres zur militärischen Niederlage im Ersten Weltkrieg geführt habe. Illustration zu einem DNVP-Wahlplakat von 1924.

ein Symbol der Einheit der Nation. Viele teilen die Sicht, dass Deutschland die »Schmach« des Versailler Friedensvertrages tilgen müsse, im Zweifel auch durch einen neuen Krieg. Nicht wenige glauben die Lüge, dass man den ungeschlagenen deutschen Truppen im November 1918 einen »Dolchstoß« in den Rücken versetzt habe. In jedem Falle schaue die Politik tatenlos dem Niedergang des Vaterlandes zu, ein materialistischer Geist herrsche allenthalben, beklagen sie. Manche schimpfen auch über die »Judenrepublik« von Weimar.

Viele Infanterieschüler entstammen alten Soldatenfamilien, so auch Wolfdietrich von Xylander. Er hat in München Abitur gemacht und dient jetzt im 19. Bayerischen Infanterieregiment. Er kennt die Stadt, nimmt seine neuen Kameraden immer wieder mit und zeigt ihnen die bayerische Brauhauskultur. Beim Bier kann man über die eigene Zukunft und die des Vaterlandes leichter räsonieren. Die Themen gehen ihnen nicht aus, die Stimmung in der Stadt ist aufgeheizt: Das Jahr 1923 bringt die

Ruhrbesetzung durch französische und belgische Soldaten, separatistische Bestrebungen im Rheinland sowie Kommunisten in Sachsen und Thüringen in der Regierung – da scheinen München und die Infanterieschule ein Hort der vaterländischen Gesinnung zu sein. Und es gibt in Bayern eine neue politische Kraft, die Nationalsozialisten, in die viele Menschen ihre Hoffnung setzen. Ihr Parteivorsitzender und »Führer« Adolf Hitler findet immer mehr Anhänger.

Franz Schraml gehört demselben Regiment wie Xylander an, kommt aber vom II. Bataillon aus Augsburg nach München. Mit Gewehr und Koffer ist er angereist, bezieht die Stube 284 und wird dem Hörsaal E zugeteilt. Fünf bis sechs Mann sind auf einer Stube untergebracht. Der Dienstplan regelt den Tagesablauf, vom Wecken um 6 Uhr morgens bis zum Lichtlöschen um 22.15 Uhr. Sonntags ist dienstfrei. Neben der militärischen Ausbildung wird auch das Fach Bürgerkunde unterrichtet. Dort müssen die Infanterieschüler Aufsätze schreiben wie »Die Aufgabe einer Armee im Staate. Welche ergeben sich hieraus für den Offizier?« Doch die Vermittlung der Weimarer Verfassung und der demokratischen Ordnung scheitert, weil die jungen Männer dem Dozenten, Rechtsprofessor Hans Nawiasky, oft ins Wort fallen, wenn sie seine politischen Sichtweisen nicht teilen. Mit Absicht veranstalten sie bisweilen einen ohrenbetäubenden Lärm. Das wiederholt sich regelmäßig, bis man ihnen jede Form von Beifallsbekundung sowie auch jegliche Missfallensäußerung untersagt. Sie halten sich nicht daran. Schließlich erscheint der Schulkommandeur, Generalmajor Hans Tieschowitz von Tieschowa, und nimmt an einer Unterrichtsstunde teil. Das sorgt für die nötige Disziplin.

Am 26. September 1923 entscheidet die Reichsregierung unter Reichskanzler Gustav Stresemann von der liberalen Deutschen Volkspartei (DVP), den passiven Widerstand im Ruhrgebiet einzustellen. Waren all die Entbehrungen der letzten Monate umsonst? Man spürt dem Unmut und die Enttäuschung vieler Menschen. Hinzu kommen die immer größer werdenden Sorgen angesichts der explodierenden Lebensmittelpreise. An diesem Tag hat Schramls Hörsaal Bereitschaft. Angesichts der angespannten Lage kursieren Gerüchte von einem drohenden Putsch. Die Soldaten müssen »angekleidet und umgeschnallt« auf dem Bett liegen. Doch die Nacht bleibt ruhig.

Bei aller Anspannung genießen die neuen Infanterieschüler die Zeit in München. Drei Tage später geht es gemeinsam in die Berge auf den Wendelstein. Es herrscht eine ausgelassene Stimmung. Gerade die Männer aus Preußen sind von der spürbaren nationalen Begeisterung durchaus beeindruckt. Sie singen vaterländische Lieder, darunter auch das Lied der Brigade Ehrhardt, in dem es heißt: »Hakenkreuz am Stahlhelm, schwarz-weiß-rotes Band, die Brigade Ehrhardt werden wir genannt.« Die Brigade Ehrhardt, ein rechtsextremes Freikorps, hat der Münchner Räterepublik ein Ende bereitet und beim Grenzschutz Ost in Oberschlesien gekämpft.

In der dienstfreien Zeit gehen die jungen Soldaten ins Theater oder Kino. In dem kleinen, gepflegten Lokal »Onkel Pfeffer«, nicht weit vom Maximilianeum, gibt es zudem ein ordentliches »Fähnrichsessen«, das deutlich schmackhafter und üppiger ist als die karge Mittagsverpflegung. Die Bierhäuser der Stadt kennen sie bald gut. Als am 27. Oktober im Wurzerhof Adolf Hitler spricht, ist Franz Schraml dabei. Morgens hat er

Gustav Stresemann (1878–1929) wurde im August 1923 Reichskanzler. Er beendete den passiven Widerstand im Ruhrgebiet und sorgte mit der Einführung der Rentenmark für eine dringend notwendige Währungsreform. Den Revolutionsversuchen von links und rechts trat er entschieden entgegen. Das Bild zeigt ihn im September 1923 mit Pressevertretern.

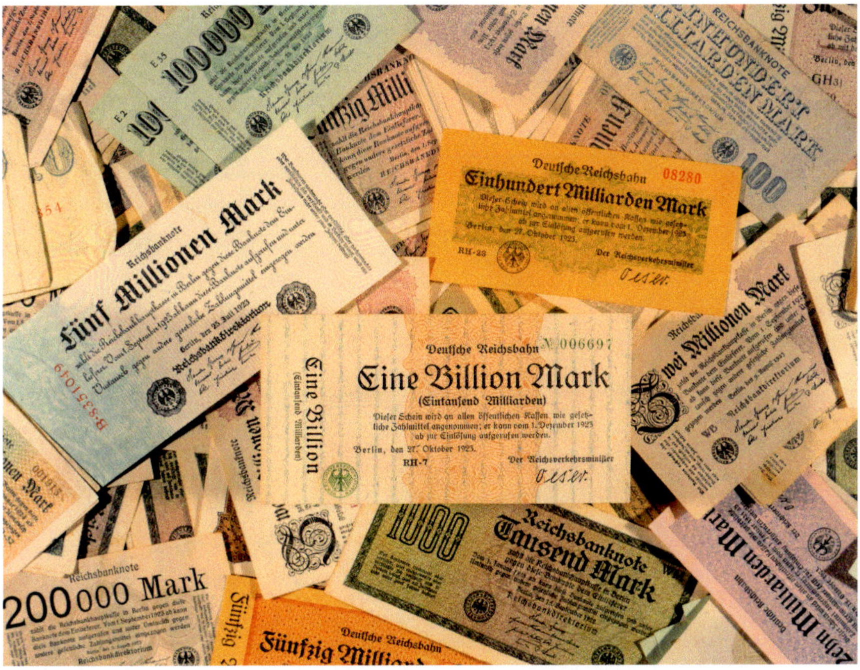

Banknoten aus der Inflationszeit. Die Hyperinflation des Jahres 1923 führte zu massiven Preissteigerungen und sozialen Verwerfungen.

Sold in Höhe von 47,7 Milliarden Mark erhalten. Die Hyperinflation treibt die Preise in die Höhe. Mit dem Geld kann er zumindest heute Getränke und Essen bezahlen. Schraml lauscht gebannt diesem Mann, der von nationaler Ehre spricht. Auch der Pionierschüler Erich Helmdach nimmt an der Versammlung teil. Als er den Saal des Gasthauses betritt, stellt er fest, dass die Anwesenden fast ausschließlich von der Infanterieschule kommen, unter ihnen sind auch Vorgesetzte und Ausbilder. Nicht nur für Helmdach und Schraml ist es das erste Mal, dass sie Hitler sprechen hören. Seine Rede ist ausdrucksstark, einnehmend.

Hitler geißelt das Versagen der Reichsregierung und ermahnt die Soldaten, nicht stumpfsinnig dem Wortlaut ihres Eides zu folgen. Helmdach erinnert sich später, dass Hitler von »sinngemäßem Gehorsam« gesprochen habe. Es könne sein, dass Deutschland sie bald rufe. Ein Offizier, Taktiklehrer an der Infanterieschule, steht nach der Rede auf, geht auf Hitler zu, reicht ihm die Hand und sagt: »Herr Hitler, die

Truppenübungsplatz Oberwiesenfeld
Prinz-Leopold-Kaserne
Hohenzollern-
Luitpold-Kaserne (Luftschifferabt.)
(Pioniere)
Dom-Pedro-
Str.
Dachauer
Hess-
Leonrod-
Infanterie-
Barbara-
Artillerie-werkstätten
Oberwiesenfeld-kaserne (Infanterie)
Georgen-
Görres-
Maximilian-II-Kaserne
Zeug-haus
Hindenburg-
Hinden-burgplatz
Leonrodstr.
Albrecht-
Telegrafen-kaserne
Lazarett
Hess-
Theresien-
Nymphenburger
Blutenburg-
Lazarett-
Loth-
Schleißheimer
Infanterie-schule
Alte Pinakot
Glyptothek
Stigl-maier-platz
Brienner
Karl-
Hasslang-
Mercystr.
Mars-platz
Pappenheim-
Marsfeld-kaserne (Infanterie)
Maillinger-
Deroystr.
Mars-
Arnulf-
Donners-bergerstr.
Propyläen
Königs-platz
Augusten-
Neue Staatsgalerie
Arcis-
Circus Krone
Güterbahnhof
Seidl-
Luisen-
Glaspalast
Alter Botan. Garten
Elisen-
Starnberger Bhf.
Haupt-bahnhof
Bahn-hof-platz
Prielmayerstr.
Justiz-palast
Schützenstr.
Landsberger
Hacker-brücke
Holzkirchner Bhf.
Bayer-
Telegrafen-hauptamt
Karls-platz (Stachus)
Karlst
0
500
Meter
Theresien-höhe
Bavaria-
Sonnenstr.
Kazmair-
Matthias-Pschorr-Ring
Sendlinger Tor
Sendlinger-Tor-Platz
Beethoven-platz
Theresien-wiese
Ausstellungs-park
Gang-hofer-
M.-Pschorr-Ring
Bavariaring
Kobellstr.
Mozart-
Goethe-
Lindwurm-
Goethe-platz
Thalkirchner
Müller-

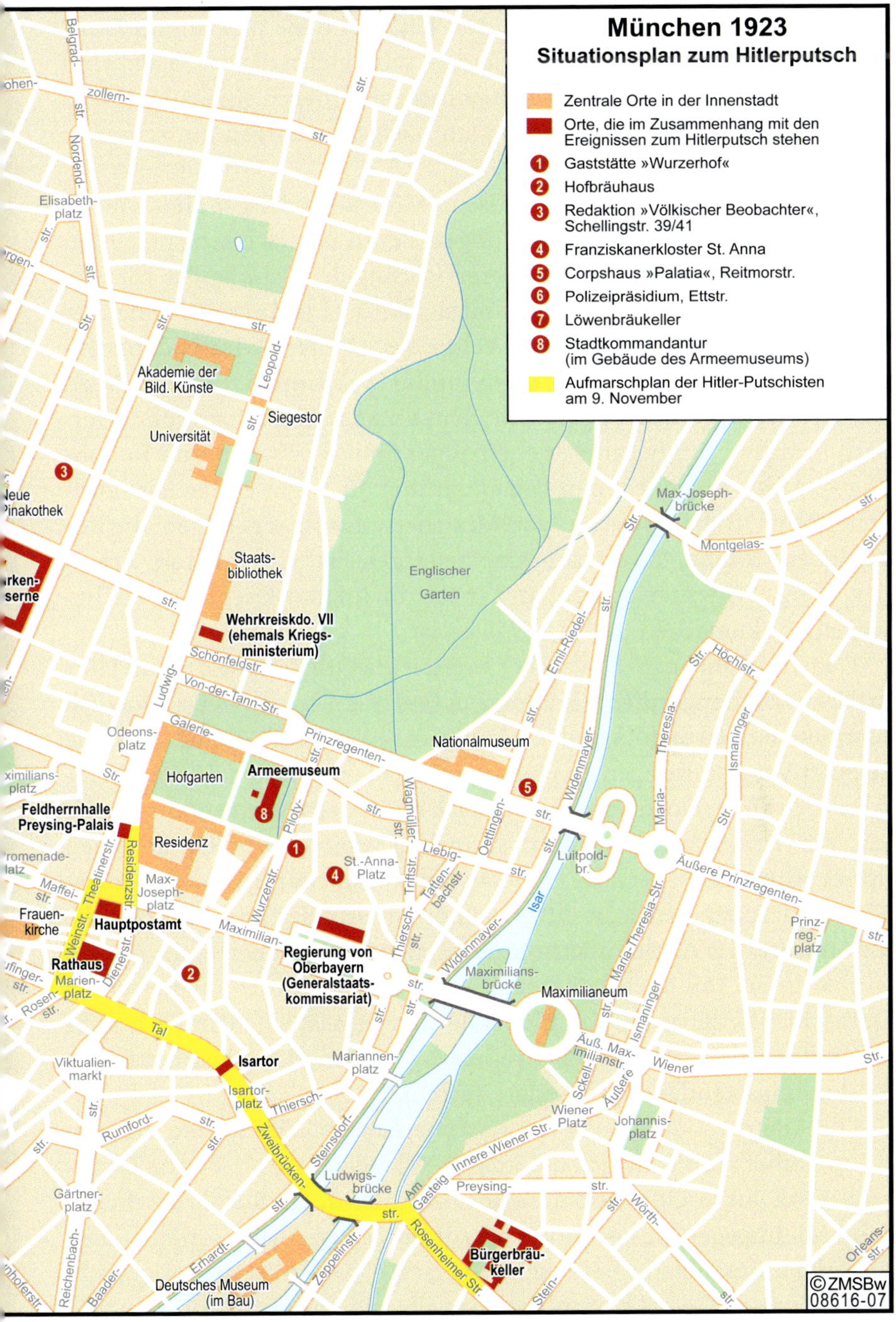
München 1923
Situationsplan zum Hitlerputsch
Zentrale Orte in der Innenstadt
Orte, die im Zusammenhang mit den Ereignissen zum Hitlerputsch stehen
1 Gaststätte »Wurzerhof«
2 Hofbräuhaus
3 Redaktion »Völkischer Beobachter«, Schellingstr. 39/41
4 Franziskanerkloster St. Anna
5 Corpshaus »Palatia«, Reitmorstr.
6 Polizeipräsidium, Ettstr.
7 Löwenbräukeller
8 Stadtkommandantur (im Gebäude des Armeemuseums)
Aufmarschplan der Hitler-Putschisten am 9. November
Belgrad-str.
Zollern-str.
Nordend-str.
Elisabeth-platz
Akademie der Bild. Künste
Leopold-str.
Siegestor
Universität
Staats-bibliothek
Wehrkreiskdo. VII (ehemals Kriegs-ministerium)
Schönfeldstr.
Von-der-Tann-Str.
Ludwig-str.
Galerie-str.
Odeons-platz
Hofgarten
Armeemuseum
Feldherrnhalle
Preysing-Palais
Residenz
Residenzstr.
Theatinerstr.
Max-Joseph-platz
Frauen-kirche
Hauptpostamt
Weinstr.
Rathaus
Marien-platz
Dienerstr.
Maffei-str.
Tal
Isartor
Isartor-platz
Viktualien-markt
Rumford-str.
Thiersch-str.
Zweibrücken-str.
Gärtner-platz
Reichenbach-str.
Erhardt-str.
Deutsches Museum (im Bau)
Zeppelinstr.
Steinsdorf-str.
Ludwigs-brücke
Am Gasteig
Rosenheimer Str.
Bürgerbräu-keller
Preysing-str.
Innere Wiener Str.
Wiener Platz
Johannis-platz
Pilotystr.
Wurzerstr.
St.-Anna-Platz
Maximilian-str.
Regierung von Oberbayern (Generalstaats-kommissariat)
Mariannen-platz
Maximilians-brücke
Maximilianeum
Widenmayer-str.
Isar
Luitpold-br.
Prinzregenten-str.
Nationalmuseum
Wagmüller-str.
Oettingen-str.
Liebig-str.
Triftstr.
Tattenbachstr.
Englischer Garten
Emil-Riedel-str.
Max-Joseph-brücke
Montgelas-str.
Höchlstr.
Maria-Theresia-str.
Ismaninger str.
Äußere Prinzregenten-str.
Prinz-reg.-platz
Äuß. Max-imilianstr.
Wiener Str.
Sckell-str.
Äußere
Orleans-str.
Stein-str.
Wörth-str.
©ZMSBw 08616-07

Infanterieschule weiß, was sie zu tun hat, wenn Sie uns rufen.« Doch viele nehmen das nicht so ernst. Geredet wird viel in diesen Tagen. Und nach dem ein oder anderen Krug Bier fühlt sich manch einer zu Heldentaten berufen, deren Ausführung am nächsten Morgen ein schwerer Kopf verhindert.

Über die politischen Verhältnisse in München oder gar die Ziele der Nationalsozialisten wissen die jungen Leute wenig bis nichts. Aber wenn dieser Hitler für die Wiedererrichtung des Vaterlandes kämpft, gegen das Diktat von Versailles, sind sie dafür. Und da ja auch einer der mächtigsten Männer des Ersten Weltkriegs, General Erich Ludendorff, den die Soldaten bewundern, offenkundig Sympathien für Hitler hegt, kann dieser so verkehrt nicht sein, denkt manch einer von ihnen. Gerhard Roßbach, ein bekannter ehemaliger Freikorpsführer und Republikgegner, spricht mit ihnen genau darüber. Er kennt einige der norddeutschen Offizieranwärter. Von München aus soll es gelingen, die Republik zu stürzen, davon ist er überzeugt. Deshalb ist er bereit, sich in den Dienst Hitlers zu stellen, und er soll die Infanterieschüler dazu bewegen, mitzumachen, wenn es soweit ist.

Gegen 20 Uhr am 8. November werden die Offizieranwärter im Hörsaal E zusammengerufen. Sie ahnen, dass etwas passieren wird. Plötzlich schrillen die Alarmglocken der Infanterieschule. Heute Abend sollen sie zu einer Veranstaltung in den Bürgerbräukeller ausrücken. Viel mehr erfahren sie nicht. Doch unmittelbar nach dem Alarm wird verkündet: Es sei eine nationale Regierung in München gebildet worden, an deren Spitze Hitler, der bayerische Generalstaatskommissar Gustav Ritter von Kahr und Generalleutnant Otto von Lossow stünden. Ludendorff habe die Führung der Armee übernommen. Ludendorff! Jubel bricht aus. Sie wollen ihren Teil dazu beitragen, einen ersten Schritt zur Befreiung Deutschlands zu tun. Doch nicht alle sind begeistert. Helmdach sieht die militärischen Unzulänglichkeiten der Aktion, den uneinheitlichen Ausbildungsstand, den fehlenden Auftrag.

Die Männer treten auf dem Kasernenhof an. Der gerade erst am 1. September zum Fähnrich beförderte Xylander wird als Wache eingeteilt. Kurz vor 21 Uhr meldet er Roßbach, der in der Schule erscheint. Schraml hingegen ist noch in der Stadt unterwegs. Als er erfährt, dass die Infanterieschule in Bereitschaft versetzt worden ist, eilt er zurück, holt Helm und Gewehr, empfängt wie alle anderen auch Munition und

General der Infanterie **Erich Ludendorff** war im Ersten Weltkrieg gemeinsam mit Generalfeldmarschall Paul von Hindenburg seit August 1916 der Kopf der dritten Obersten Heeresleitung. Sein Handeln bei der Eroberung der belgischen Stadt Lüttich am 6. August 1914 und bei der Abwehr des russischen Angriffs auf Ostpreußen in der Schlacht bei Tannenberg keine drei Wochen später begründete seinen Ruf als Stratege und militärischer Führer. Während Hindenburg sich auf repräsentative Aufgaben konzentrierte, wurde Ludendorff mehr und mehr zur entscheidenden Persönlichkeit. Im Herbst 1918 schwand seine Macht rapide, und am 26. Oktober 1918 wurde er schließlich auf Verlangen des Reichskanzlers Max von Baden entlassen. Er floh unter falschem Namen nach Schweden und kehrte erst im Februar 1919 nach Deutschland zurück.

Dort wurde er bald zu einer zentralen Figur der Rechtsextremen. Ludendorff war einer der Urheber der Dolchstoßlegende, derzufolge der Krieg nur durch den Dolchstoß aus der Heimat in den Rücken der kämpfenden Truppen verloren worden sei. Am Kapp-Putsch 1920 war er im Hintergrund beteiligt, wurde aber nicht belangt. Auch im Prozess nach dem Hitlerputsch wurde er 1924 aufgrund seiner angeblichen Verdienste um das Reich freigesprochen. Bei der Wahl des Reichspräsidenten 1925 errang er lediglich 1,1 Prozent der Stimmen und wandte sich immer stärker rechtsextremen Verschwörungstheorien zu. Das Verhältnis zu Hitler war nach dem Putsch zerrüttet.

eine Hakenkreuzarmbinde. Er legt sie sogleich an. Da die Schlüssel für Munitions- und Waffenkammer nicht auffindbar sind, bricht man diese kurzerhand auf.

Andere Kameraden sind nicht so aufmerksam wie Schraml. Nicht alle sind vom Ausgang rechtzeitig zurück. Und wo sind eigentlich die Offiziere und Vorgesetzten? Von den Ausbildern ist wenig zu sehen. Die

Berittene Polizisten räumen nach Beendigung des Putsches den Odeonsplatz. Die bayerische Landespolizei war paramilitärisch ausgerüstet und organisiert. Damit wurden die Bestimmungen des Versailler Vertrages umgangen, gleichzeitig konnte die Polizei so bei inneren Unruhen eingesetzt werden.

älteren Offiziere wohnen in der Stadt und sind nicht anwesend, die jüngeren stehen ungläubig am Rand. Verwundert, vielleicht auch verärgert. Der Schulkommandeur, General Tieschowitz von Tieschowa, verweigert sich. Ein Leutnant und zwei Fähnriche haben ihn in seiner Wohnung aufgesucht und ihm erklärt, dass die Infanterieschule nun General Ludendorff unterstehe. Der Schulkommandeur merkt an, dass er keine

Generaloberst Hans von Seeckt (1866–1936) war Chef der Heeresleitung. Er prägte die neue Armee. Obwohl er kein überzeugter Anhänger der Republik war, fühlte er sich durch Eid und ein persönliches Vertrauensverhältnis eng an Reichspräsident Friedrich Ebert gebunden.

Weisungen aus Berlin habe, deshalb habe er ein Dienstgespräch per Fernsprecher angemeldet. Dem Leutnant dauert das zu lange. Die Telefonleitung wird zerschnitten. Der General steht jetzt unter Arrest.

Die Infanterieschüler werden in Kompanien eingeteilt. Roßbach hält eine Ansprache: Nun gehe es nach Berlin, um die »Regierung der Novemberverbrecher« zur Rechenschaft zu ziehen. Als die Kompanien sich Richtung Bürgerbräukeller in der Rosenheimer Straße in Marsch setzen, schließen sich ihnen einige Stammoffiziere an. Sie marschieren singend unter der Hakenkreuzfahne durch die Stadt, die Marsstraße entlang über den Stachus. Die Menschen jubeln ihnen zu, und »Heil«-Rufe begleiten sie. Dann kommen sie am Bürgerbräukeller an.

Die Lage ist unklar. Was nun? Einige werden abkommandiert und als

Wachposten in unmittelbarer Nähe eingesetzt. Schon nach einer halben Stunde endet dieser Einsatz und sie kehren zurück. Es beginnt eine Zeit des Wartens. Die Infanterieschüler machen es sich in den Gängen und Räumen des Bürgerbräukellers so gut es geht bequem, warten ab. Helmdach sitzt hungrig mit einigen Kameraden dort, sie diskutieren. Schließlich erhalten sie den Befehl, das Gebäude des Generalstaatskommissariats zu besetzen.

Dort angekommen, treffen sie aber auf die bayerische Landespolizei. Die Landespolizisten erklären, sie stünden ebenfalls auf der Seite der neuen Regierung. Die Infanterieschüler hören, wie ihre Führer laut streiten, und stehen mit geladenen Gewehren den Landespolizisten gegenüber. Die Anspannung ist spürbar. Jederzeit kann ein Handgemenge entstehen, ein Schuss fallen, der zu einem Blutbad führt. Dann kommt die Nachricht, der Befehl sei ein Missverständnis gewesen, Ludendorff habe angeordnet, abzurücken.

Die Gerüchte nehmen zu. Kahr und Lossow hätten sich von Hitler abgewendet, heißt es. Erfasst die Verunsicherung auch die jungen Soldaten? Ein Rückmarsch in die Kaserne ohne einen entsprechenden Befehl ist für die meisten undenkbar. Hinzu kommt, dass die Nationalsozialisten ein Abrücken nur unter Zurücklassen der Waffen erlauben. Ein solch ehrloses Verhalten scheidet für die jungen Soldaten aus. Die Kompanieführer gehen schließlich zu Roßbach. Sie erklären, dass sie den Befehlen der nationalen Regierung weiter folgen, aber auf die Kameraden der Reichswehr und der Landespolizei würden sie in keinem Falle das Feuer eröffnen. Roßbach verspricht ihnen, dass es dazu nicht kommen werde.

Im Bürgerbräukeller heißt es abwarten. Die Männer sind übermüdet, in der von Bierdunst und Rauch geschwängerten Luft fällt das Wachbleiben schwer. Franz Schraml hat vier Stühle zusammengeschoben und sich hingelegt, findet aber keinen Schlaf. Die Stimmung wird zunehmend schlechter. Er registriert, dass einige heimlich verschwunden sind. Mit dem Geld, das ihm ausgehändigt wird, geht er in einen nahegelegenen Laden, kauft sich eine Tafel Schokolade für 80 Milliarden und 2 Pfund Brot für 60 Milliarden Mark. Als er zurückkommt, tut sich plötzlich etwas. Hitler ist wieder da. Nun heißt es, sich noch einmal aufzuraffen. Hitler spricht vom Verrat Kahrs. Auch auf Lossow sei kein Verlass, er habe sein Wort gebrochen. Man werde nun einen Demonstrationszug durch München machen.

Heftige Kritik am Verhalten der Infanterieschüler übte der Münchener Staatsrechtsprofessor und externe Lehrer an der Infanterieschule Hans Nawiasky (1880–1961). Von den Nationalsozialisten vertrieben, kehrte er 1946 nach München zurück. Er zählt zu den Verfassungsvätern des Freistaats Bayern.

Es ist allerdings schon fast Mittag, als am 9. November der Befehl kommt, vor dem Bürgerbräukeller anzutreten. Mit einem Marsch durch die Stadt, an der Spitze Ludendorff und Hitler, will man das Volk mobilisieren. Niemals würden Reichswehr und Landespolizei auf sie schießen, sie tragen ja die schwarz-weiß-rote Fahne voran. Die Infanterieschüler reihen sich in die Marschkolonne ein. Xylander und die anderen haben ihre Waffen entladen, aber ob das auch für die SA (Sturmabteilung) und die Männer vom Bund Oberland gilt? An der Ludwigsbrücke trifft die Marschkolonne auf eine bewaffnete Sperre der Landespolizei, doch die Polizisten treten schließlich beiseite. Jubel brandet auf. Niemand wird sie aufhalten.

Die Kolonne nähert sich der Residenzstraße, als plötzlich Schüsse fallen und unmittelbar darauf heftiges Gewehr- und Maschinengewehrfeuer einsetzt. Die Infanterieschüler gehen in Deckung. Schraml lädt sein Gewehr. Sie sehen vorne Männer im Feuer zusammenbrechen. »Hitlerleute« flüchten an ihnen vorbei. Die Kompanieführer eilen zu Roßbach, der sie entlässt. Die Hakenkreuzarmbinden verschwinden still und leise. Die Männer marschieren geordnet zurück in die Infanterieschule.

Allen ist klar: Das wird Folgen haben. Als sie zurück in die Schule kommen, begrüßt einer der Offiziere sie mit dem Zuruf: »Ihr Meuterer!«

Mit der Offizierlaufbahn ist es wohl nun vorbei. Spüren sie Reue? Obsiegt der Trotz? Die meisten der jungen Soldaten haben kein schlechtes Gewissen. Xylander schreibt in einer Stellungnahme: »Wir wissen nur, dass wir stets so gehandelt haben, wie wir im Interesse unseres Vaterlandes handeln zu müssen glaubten.« General Tieschowitz von Tieschowa hält noch am späten Nachmittag eine Ansprache. Zwar spricht er von einem schweren Vergehen gegen die Disziplin, bestraft werden sollten aber nur die Rädelsführer, für die übrigen gelten »mildernde Umstände«.

Der oberste Soldat der Reichswehr sieht das anders: General Hans von Seeckt schreibt, dass allein die Tatsache, dass sich kein Offizier mit gezogener Waffe den Infanterieschülern in den Weg gestellt hatte, letztere vor einer unehrenhaften Entlassung bewahre. Doch davon wissen sie in München nichts. Die jungen Männer sitzen niedergeschlagen auf ihren Stuben. Einige haben sich im Lesezimmer versammelt, darunter Schraml. Schließlich setzt sich einer der Männer ans Klavier. Bei den nationalen Liedern, die er spielt, singen alle tief ergriffen mit. Am nächsten Tag ist Dienst nach Vorschrift. Professor Nawiasky hält ihnen in der Bürgerkunde eine Standpauke, die sich gewaschen hat. Diesmal sind alle still.

Einige Infanterieschüler wie Leutnant Hansjochen Leist vom Magdeburger III./12. Infanterieregiment haben von Beginn an nicht mitgemacht. Zwar teilt Leist die nationale Überzeugung seiner Kameraden, doch er fühlt sich an seinen Eid gebunden. Als die Soldaten der Reichswehr in Bayern auf die bayerische Landesregierung verpflichtet werden sollen, fragt er in der Stammeinheit nach, was er tun solle. Sein Bataillonskommandeur Oberstleutnant Kurt von Hammerstein-Equord weist ihn an: »Preußischen Vorgesetzten gehorchen.« Auf das bayerische Schauspiel, so kann man das lesen, solle er sich nicht einlassen. Manche seiner Kameraden verspotten ihn und diejenigen, die es ihm gleichtun, als »Spartakisten«.

Am 11. November wird der Lehrgang abgebrochen. Die Infanterieschüler werden in ihre Stammeinheiten in Marsch gesetzt. Seeckt hat die Infanterieschule aufgelöst. Die Haupträdelsführer seien festzunehmen, die Offiziere der Schule müssten sich einer Untersuchung des Vorfalls stellen. Ein Jahr später, als die Infanterieschule in Ohrdruf in Thüringen wieder den Dienstbetrieb aufnimmt, sind der Kommandeur und die Lehrgangsleiter abgelöst, die Lehrer und Aufsichtsoffiziere allesamt versetzt.

↗ In Berlin begrüßte der damalige Reichskanzler Friedrich Ebert (l. mit Hut, 1871–1925) die nach Kriegsende zurückkehrenden deutschen Truppen im Dezember 1918 mit den Worten: »Kein Feind hat Euch überwunden. Erst als die Übermacht der Gegner […] immer drückender wurde, haben wir den Kampf aufgegeben.« Unbeabsichtigt trug er damit zur Verbreitung der »Dolchstoßlegende« bei.

Kriegsende 1918 und doch kein Frieden

Die Erlebnisse der Infanterieschüler und die Ereignisse rund um den Hitlerputsch 1923 haben eine lange Vorgeschichte, die in der Endphase des Ersten Weltkriegs begann. In Ost- und Mitteleuropa entstanden nach Kriegsende neue Staaten, die um ihre innere Verfasstheit rangen. Auch in Deutschland war keineswegs absehbar, dass die Revolution im November 1918 den Weg zu einer parlamentarischen Demokratie ebnen würde. Die Anfangsjahre der Weimarer Republik waren nicht nur von materieller Not, sondern von politischer Gewalt und von bürgerkriegsähnlichen Zuständen geprägt. Die neue demokratische Regierung ging notgedrungen ein Bündnis mit der aus dem Krieg zurückgekehrten Armee ein, um Recht und Ordnung aufrechtzuerhalten. Doch sowohl von links im Spartakusaufstand (1919) als auch von rechts mit dem Kapp-Putsch (1920) unternahmen die Feinde der Republik immer wieder neue Anläufe, um die ungewollte politische Ordnung zu beseitigen. So entstand in den Anfangsjahren der Weimarer Republik eine Atmosphäre der Gewalt. Permanent herrschte Furcht vor einem Bürgerkrieg, der

Das Deutsche Reich in den Anfangsjahren der Weimarer Republik

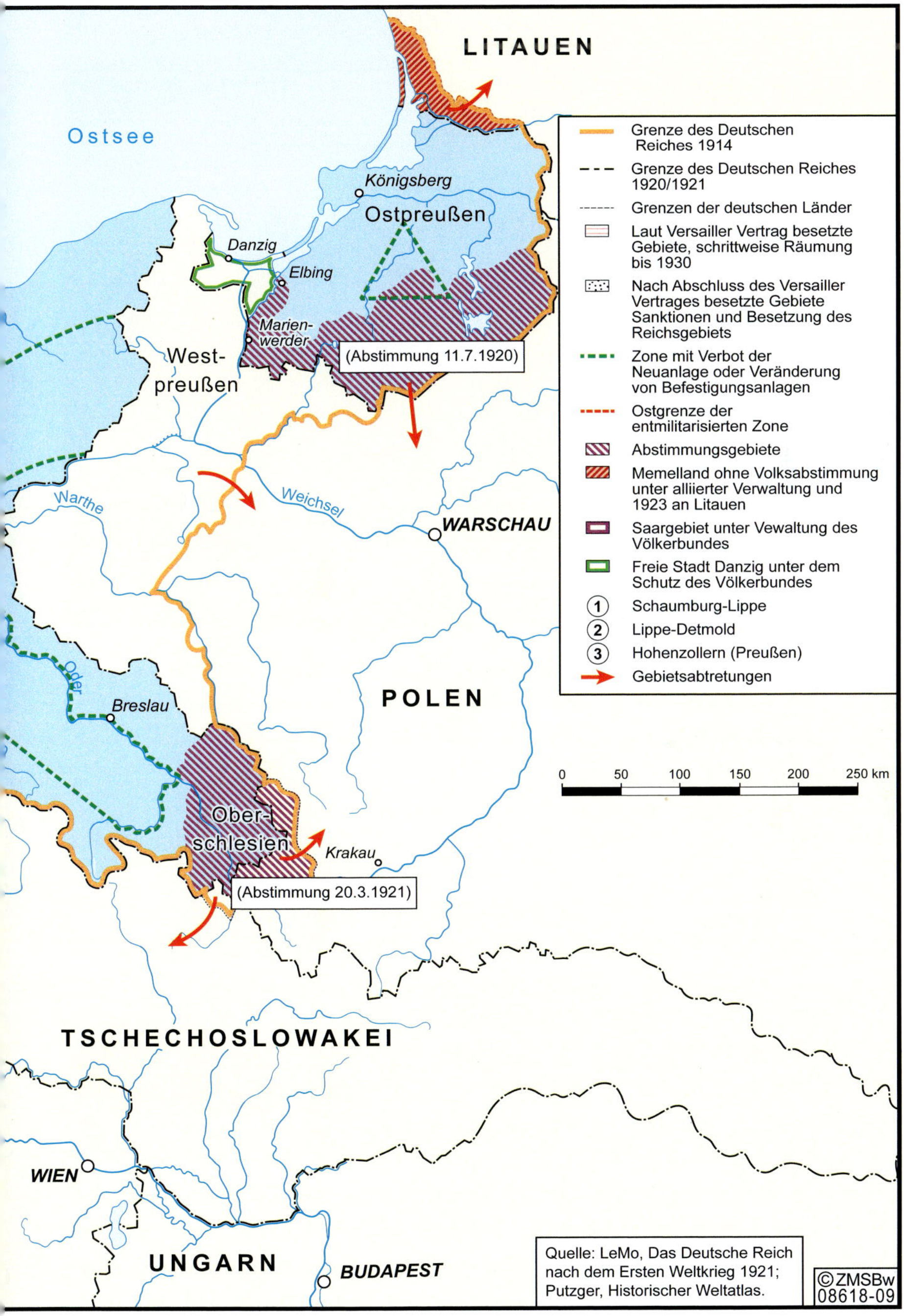

LITAUEN
Ostsee
Königsberg
Ostpreußen
Danzig
Elbing
Marien-werder
West-preußen
(Abstimmung 11.7.1920)
Warthe
Weichsel
WARSCHAU
Oder
Breslau
POLEN
Ober-schlesien
Krakau
(Abstimmung 20.3.1921)
TSCHECHOSLOWAKEI
WIEN
UNGARN
BUDAPEST
Grenze des Deutschen Reiches 1914
Grenze des Deutschen Reiches 1920/1921
Grenzen der deutschen Länder
Laut Versailler Vertrag besetzte Gebiete, schrittweise Räumung bis 1930
Nach Abschluss des Versailler Vertrages besetzte Gebiete Sanktionen und Besetzung des Reichsgebiets
Zone mit Verbot der Neuanlage oder Veränderung von Befestigungsanlagen
Ostgrenze der entmilitarisierten Zone
Abstimmungsgebiete
Memelland ohne Volksabstimmung unter alliierter Verwaltung und 1923 an Litauen
Saargebiet unter Vewaltung des Völkerbundes
Freie Stadt Danzig unter dem Schutz des Völkerbundes
1 Schaumburg-Lippe
2 Lippe-Detmold
3 Hohenzollern (Preußen)
Gebietsabtretungen
0 50 100 150 200 250 km
Quelle: LeMo, Das Deutsche Reich nach dem Ersten Weltkrieg 1921; Putzger, Historischer Weltatlas.
©ZMSBw 08618-09

Der angesehene Künstler und Graphiker Louis Oppenheim gestaltete 1919 eines der zahlreichen Plakate, die die Folgen des Versailler Vertrags dokumentierten und Ausdruck des deutschen Protests gegen den Friedensvertrag waren.

nicht nur die materielle Not verstärken, sondern die Einheit der Nation zerstören würde.

Wie sah Europa nach dem Ersten Weltkrieg aus? Die Staaten des Baltikums wurden mit dem Ende des Zarenreichs unabhängig, ebenso Polen. Die Habsburgermonarchie hörte auf zu existieren und entließ ihre Völker in die Unabhängigkeit. Überall entstanden neue Republiken. Mit dem Völkerbund wurde eine Organisation geschaffen, die künftige Kriege verhindern sollte. Deutschland sollte dem Völkerbund erst später beitreten. Dass das Reich in dieser Nachkriegsordnung durchaus Chancen hatte, als weiterhin größte Macht in der Mitte Europas einen entsprechenden Platz einzunehmen, erkannten die Zeitgenossen aber nicht oder nur bedingt. Auch die Bewahrung der Reichseinheit war ein Erfolg, der aber nicht als solcher wahrgenommen wurde. Nur wenige deutsche Politiker wie Gustav Stresemann versuchten, auf der Basis dieser geschaffenen Ordnung Deutschland neue Geltung in Europa und der Welt zu verschaffen.

Die Konsequenzen des Versailler Friedensvertrags waren in der Tat verheerend für die Republik. Deutschland verlor große Gebiete im Osten. Elsass-Lothringen wurde wieder französisch, kleinere Gebiete fielen an Dänemark, Litauen, die Tschechoslowakei und Belgien. Insgesamt 13 Prozent des Territoriums und 10 Prozent der Bevölkerung gingen verloren. Hinzu kam, dass die von den meisten Deutschen gewünschte Vereinigung des Deutschen Reiches mit »Deutsch-Österreich«, den mehrheitlich von Deutschen besiedelten Gebieten der untergegangenen Habsburgermonarchie, verboten worden war. Schwer wogen auch die wirtschaftlichen Verluste: 50 Prozent der Eisenerzförderung, 25 Prozent der Steinkohleförderung sowie 17 Prozent der Kartoffelproduktion und 13 Prozent der Weizenproduktion wurden eingebüßt. Mehr noch als der Verlust sämtlicher Kolonien traf das Reich der sogenannte Kriegsschuldartikel, der Deutschland als alleinigen Verantwortlichen für den Krieg benannte. In der öffentlichen Meinung wog dies mindestens so schwer wie die enorm hohen Reparationszahlungen, die nun die Republik zu leisten hatte.

Ebenso dramatisch waren die Folgen für das Militär. Der Versailler Vertrag sah eine Reduzierung der künftigen Armee, bis 1921 als vorläufige Reichswehr bezeichnet, auf 115 000 Mann vor. Die Armee durfte u. a. weder eine Luftwaffe aufbauen noch Panzerverbände aufstellen. Die Wehrpflicht wurde verboten, lediglich 100 000 Mann gehörten dem künftigen Heer an. Die Zahl der Offiziere wurde auf 4000 festgelegt. Einen Generalstab durfte es nicht mehr geben. Auch die Marine, die nur noch 15 000 Mann zählte, war entsprechenden Restriktionen ausgesetzt. Hinzu kam, dass die linksrheinischen Gebiete besetzt und in Köln, Mainz und Koblenz Truppen der Siegermächte stationiert wurden. Der Schiffsverkehr auf dem Rhein wurde internationalisiert. Im Westen wurde eine entmilitarisierte Zone geschaffen, militärische Anlagen und Festungen wurden geschliffen.

Diese Bedingungen lasteten schwer auf der im Entstehen begriffenen Reichswehr. Der »Primat der Sicherheit«, dem sich die militärische Führung verschrieben hatte, war mit Blick auf die Verteidigung des Reiches nach außen, aber auch bezüglich der Abwehr von Aufständen im Innern so kaum einzulösen. Der spätere Reichswehrminister Generalleutnant Wilhelm Groener (parteilos) wies darauf hin, dass Deutschland mit einer solchen Armee »selbst den Übergriffen seiner kleinsten Nachbarn« ausgeliefert wäre und zudem »eine Regierungsgewalt im Innern nicht mehr aufrechtzuerhalten« sei.

↗ Kämpfe und Barrikaden im Berliner Zeitungsviertel, Januar 1919. In der Arbeiterbewegung wollten vor allem Karl Liebknecht und Rosa Luxemburg die Revolution fortsetzen. Es kam zum »Spartakusaufstand«, den Regierungstruppen blutig niederschlugen.

Innere Unruhen
und die Angst vor dem Bürgerkrieg 1918–1923

Immer wieder streiten Historiker darüber, ob man die Anfangsjahre der Weimarer Republik als die Geschichte eines Bürgerkriegs erzählen soll oder kann. Rainer Pöppinghege beschreibt eine »Republik im Bürgerkrieg«. Andreas Wirsching hält dem entgegen, dass es sich bei der auch zeitgenössisch häufig verwendeten Metapher des »Bürgerkriegs« vielmehr um eine Formulierung handele, »in dem sich latente und offene Bedrohungsängste, Missbehagen an den politischen Zuständen und Aggressivität bündelten«.

Die Angst vor einem Konflikt war jedoch nicht aus der Luft gegriffen. Bereits einen Monat nach der Revolution kam es im Dezember 1918 in Berlin zu bürgerkriegsähnlichen Unruhen. Die Stadt erlebte eine Eskalation der Gewalt. Im Mittelpunkt standen dabei das Stadtschloss und die dort untergebrachte revolutionäre Volksmarinedivision, die die Spartakisten unterstützte und sich weigerte, das Schloss zu räumen. Der neue starke Mann im Reich, der SPD-Vorsitzende Friedrich Ebert, der an der Spitze der Regierung, des Rats der Volksbeauftragten stand, ließ reguläre Truppen aufmarschieren, doch das Schloss konnte trotz des Einsatzes von schweren Geschützen nicht gestürmt werden. Bewaffnete Arbeiter und Demonstranten unterstützten die Matrosen. Das führte nicht nur zum erneuten Bruch zwischen den Mehrheitssozialdemokraten und den Unabhängigen Sozialdemokraten (USPD), die sich im Krieg von der SPD abgespalten, aber nach der Revolution mit der SPD zusammengearbeitet hatten. Ebert wurde angesichts der Ereignisse zudem klar, dass seine Macht alles andere als gefestigt war.

Zum Jahresbeginn 1919 eskalierte die Gewalt erneut. Der sogenannte Spartakusaufstand in Berlin begann am 5. Januar. Zuvor hatten die Vertreter der USPD den Rat der Volksbeauftragten verlassen. Man wollte den Weg Eberts nicht mitgehen, der über eine Nationalversammlung stabile demokratische Strukturen etablieren und sich zur Aufrechterhaltung von Sicherheit und Ordnung des Militärs bedienen wollte. Es kam zu Demonstrationen, in deren Verlauf Aufständische das Berliner Zeitungsviertel besetzten. Als die Verhandlungen scheiterten, drohten Ebert und der Rat der Volksbeauftragten am 8. Januar 1919: »Gewalt kann nur mit Gewalt bekämpft werden. Die organisierte Gewalt des Volkes wird der Unterdrückung und der Anarchie ein Ende machen. Die Stunde der Abrechnung naht.« Die Antwort kam prompt: Kommunisten und revolutionäre Obleute riefen zum Kampf gegen die »Judasse in der Regierung auf«. Diese gehörten »ins Zuchthaus, aufs Schafott«.

Der spätere Reichswehrminister Gustav Noske (SPD), zu dieser Zeit im Rat der Volksbeauftragten zuständig für Heer und Marine, hatte inzwischen loyale Truppen nach Berlin beordert. Die SPD sah die noch junge Republik in ernster Gefahr. Er befahl: »Jede Person, die mit der Waffe in der Hand gegen Regierungstruppen kämpfend angetroffen wird, ist sofort zu erschießen.« Dieser Befehl macht die Kompromisslosigkeit deutlich, mit der nun Regierungstruppen und Aufständische einander bekämpfen sollten. Bei den Truppen, die den Aufstand niederschlugen, kam es zu Gewaltexzessen und Exekutionen von Gefangenen. Wer mit der Waffe in der Hand gegen die Regierungstruppen kämpfte, wurde eben nicht sofort erschossen, oft genug wurden die Opfer zuvor noch misshandelt. Aufgrund des Befehls konnten Soldaten, die auf Seiten der Regierung kämpften, jedoch mit einer milden Justiz rechnen.

Im Rückgriff auf die im Weltkrieg entwickelte Stoßtrupptaktik er-

Militärische Konflikte in der Weimarer Republik 1918–1924

Konflikt/Bezeichnung	Dauer	Opfer (ca.)	Regierungsgegner
Posener Aufstand	12/1918–03/1919	3500	nationalpolnischer Separatismus
Berliner Unruhen	12/1918–03/1919	1500	Linksextremismus
Räterepubliken	02/1918–05/1919	1500	linksextremer Sezessionismus
Kapp-Putsch	03/1920	1000	Rechtsextremismus
Ruhraufstand	03–04/1920	2500	Linksextremismus
Mitteldeutscher Aufstand	03/1921	200	Linksextremismus
Schlesische Aufstände	hpts. 04–07/1921	3000	nationalpolnischer Separatismus
Deutscher Oktober	10/1923	100	Linksextremismus
Hitler-Putsch	11/1923	20	Rechtsextremismus
Rheinische Republik	10/1923–02/1920	< 100	regionaler Sezessionismus

Quelle: Elsbach, Der »Deutsche Bürgerkrieg«, In: Braune, Dreyer, Elsbach (Hrsg.), Vom drohenden Bürgerkrieg zum demokratischen Gewaltmonopol, S.14.

oberten Regierungstruppen nun Haus für Haus des von den Aufständischen besetzten Zeitungsviertels zurück. Dabei kamen nicht nur Maschinengewehre zum Einsatz. Auch schwere Geschütze und Flugzeuge waren nötig, um Blockaden zu brechen und Barrikaden zu überwinden. Es war das erste Mal, dass Berlin einen Luftangriff erlebte: Die Regierung setzte Flugzeuge ein, um die Aufständischen bombardieren zu lassen. Als die Waffen schwiegen, waren über 1000 Tote zu beklagen. Die Leichenhallen der Stadt waren voll, in der Presse wurde von der verzweifelten Suche von Angehörigen nach Vermissten berichtet. Nicht alle Leichen konnten einwandfrei identifiziert werden. Der Historiker Horst Möller bewertet die Ereignisse wie folgt: »So kritikwürdig die Brutalität auch ist, mit der Regierungstruppen die Aufstände in diesen Tagen niederschlugen, so unbestreitbar war die Notwendigkeit, Militär einzusetzen, sollte die Gründung der demokratischen Republik eine Chance behalten und es wirklich zu einer Konstituierenden Nationalversammlung kommen.«

Nicht nur in der Hauptstadt und in München kam es zu gewaltsamen Auseinandersetzungen. Auch in anderen Städten gab es Unruhen, Krawalle, Ausschreitungen und bewaffnete Zusammenstöße. Im Februar 1919 wurde in Bremen die dort ausgerufene Räterepublik gewaltsam niedergeschlagen, in Dresden musste die Reichswehr im April 1919 Ruhe und Ordnung wieder herstellen. Die Liste der Städte, in denen es in dieser Zeit zu Aufständen und Kämpfen kam, ist lang. Mancherorts reichte es aus, dass die Staatsgewalt bestimmt und schnell auftrat, um die Eskalation der Gewalt im Keim zu ersticken. So beispielsweise in Braunschweig: Als das Freikorps Maercker die Stadt am 17. April besetzte, leistete der Arbeiter- und Soldatenrat keine Gegenwehr. Anderenorts lief es nicht so glimpflich ab: Am 18. April versuchten Kommunisten in Offenbach am Main im »Karfreitagsputsch« die Macht zu übernehmen. Als 2000 Demonstranten versuchten, eine Kaserne zu stürmen, eröffneten die Soldaten das Feuer. Am Ende waren 17 Tote zu beklagen und 26 Menschen teilweise schwer verletzt. Ähnliche Ereignisse spielten sich in Mannheim, Oldenburg, Stettin, Bielefeld, Gotha, Eisenach, Halle, Magdeburg, Leipzig, Frankfurt am Main und zahlreichen weiteren Städten ab.

Es wäre falsch, allein politische Gründe für die Aufstände und Unruhen zu benennen. Aufgrund der schlechten Versorgungslage kam es immer wieder zu Plünderungen und Hungerunruhen. Die Sorge um das tägliche Brot trieb viele Menschen zur Verzweiflung. In Hamburg kam

Demonstration vor einer Fleischfabrik im Juni 1919 in Hamburg. Nicht immer waren die überall im Reich auftretenden Unruhen politischen Ursprungs. Oft spielten wie beim »Hamburger Sülzeaufstand« Mangelversorgung und Hunger eine große Rolle.

es zu den sogenannten Sülzeunruhen. Der Verdacht, dass Lebensmittel mit Abfällen gestreckt und Katzen, Ratten und Hunde in Fleischwarenfabriken verarbeitet wurden, führte ab dem 23. Juni zu Ausschreitungen. Reichswehr und Freikorps konnten erst eine Woche später die Ordnung wiederherstellen.

Kurze Zeit später gab es erstmals einen rechtsextremen Angriff auf die Republik. Der auch in die Morde an den beiden Wortführern der Kommunisten Rosa Luxemburg und Karl Liebknecht verwickelte Hauptmann Waldemar Pabst wollte am 21. Juli 1919 putschen. Die Generale Georg Ludwig Rudolf Maercker und Walther von Lüttwitz entsandten jedoch Truppen und unterbanden jegliche Aktion. Der Putsch wurde erfolgreich vertuscht. Die Öffentlichkeit erfuhr nichts.

Auch das Jahr 1920 begann mit Gewalt. Bei einer Demonstration der radikalen Linken gegen das geplante Betriebsrätegesetz am später sogenannten »blutigen 13. Januar« wurden 42 Demonstranten erschossen und 105 verletzt. Die Ordnungskräfte der Regierung griffen ein Jahr nach dem Spartakusaufstand wieder hart durch.

Im Zuge der Reduzierung der Armee befahl Reichswehrminister Noske im März die Demobilisierung weiterer Freikorps. Als die Brigade Ehrhardt trotz zahlreicher Proteste aufgelöst werden sollte, fühlten sich die 5000 Männer verraten. Es kam zum Putsch von rechts. Lüttwitz und der bisher kaum in Erscheinung getretene Politiker und Beamte Wolfgang Kapp, Gründer der Deutschen Vaterlandspartei (DVLP), Sammelbecken der extremen politischen Rechten, erklärten die Regierung am 13. März 1920 für abgesetzt. Das Berliner Regierungsviertel wurde besetzt. Die Beamten verweigerten jedoch die Umsetzung jeglicher Anordnungen. Alle Maßnahmen drohten, ins Leere zu laufen. Als es dann zum Generalstreik kam, war die Sache entschieden. Kapp floh nach Schweden und Lüttwitz, der zwischenzeitlich als Militärdiktator die Regierung übernommen hatte, musste nach nur 100 Stunden erkennen, dass der Putsch gescheitert war.

Und die Reichswehr? In der Tat war erörtert worden, ob man den Putschisten nicht militärisch entgegentreten sollte. Generalmajor Walther Reinhardt, Chef der Heeresleitung, plädierte für den Einsatz von Truppen gegen die putschenden Verbände. Doch der Chef des Truppenamtes, Generaloberst Hans von Seeckt, soll darauf angeblich erwidert haben: »Reichswehr schießt nicht auf Reichswehr.« Er stellte außerdem

Maschinengewehrposten am Berliner Spittelmarkt. Im März 1920 wurde die Republik erstmals von rechts herausgefordert. Der Politiker Wolfgang Kapp und General Walther von Lüttwitz versuchten, die Macht mit Freikorpstruppen an sich zu reißen. Der Putsch scheiterte.

infrage, ob es kurzfristig gelingen würde, genug Truppen zu mobilisieren. Eine Niederlage gegen die Putschisten hätte verheerende politische Folgen gehabt. Noske erteilte daraufhin keinen Einsatzbefehl an die Truppen. Ob Seeckt im Falle einer anderen Entscheidung marschiert wäre, ist fraglich. »Ein General bricht seinen Eid nicht!«, hatte er einmal gesagt. Insofern kann man annehmen, dass er Ebert gehorcht hätte. Das offenkundig bestehende Vertrauensverhältnis zwischen dem Reichspräsidenten und dem späteren Chef der Heeresleitung blieb in jedem Falle intakt. Beruhigt dadurch, wie wenig durchdacht und schlecht geplant der Putsch war, ging Seeckt nach Hause und legte sich schlafen.

Auch die Offiziere und Beamten des Reichswehrministeriums sabotierten den Putsch. General Friedrich Kreß von Kressenstein, Chef des Wehramtes im Ministerium, erklärte vor dem Reichstagsausschuss sein Verhalten während des Kapp-Putsches: »Es ist richtig, dass ich meiner innersten politischen Überzeugung nach Monarchist bin. Ich habe aber den Verfassungseid geleistet, weil ich der Überzeugung bin, dass eine Änderung der Verfassung niemals durch gewaltsamen Umsturz, sondern nur auf verfassungsmäßigem Wege erfolgen darf. Ich habe in meinem Amte angeordnet, dass Befehlen des Generals von Lüttwitz keine Folge gegeben werden dürfe.«

Die Aussage zeigt, dass viele Offiziere keineswegs überzeugte Republikaner sein mussten, um der Republik gegenüber loyal zu bleiben. Soldaten und Polizisten waren in ihrem beruflichen Selbstverständnis geprägt durch ein hohes Maß an Pflichtgefühl gegenüber Staat und Nation, auch wenn sie sich nicht oder nur bedingt mit der staatlichen Ordnung identifizieren konnten. Die Bindung an den Eid spielte dabei eine wesentliche Rolle. Lüttwitz war in der Reichswehr keineswegs isoliert, aber der Eid und das Ziel, den Zusammenhalt der Reichswehr zu wahren, ließen eine Beteiligung am Putsch auch jenen Militärs abwegig erscheinen, die sich ihm und seinen Vorstellungen verbunden fühlten. Die Führung der Reichswehr griff hart durch: Nach dem Scheitern des Putsches wurden 172 Offiziere und mehrere Generale aus der Reichswehr entlassen.

Nicht nur in Berlin stieß Kapp auf Widerstand. In Sachsen und Thüringen kam es in der Folge zu kommunistischen Aufständen, die aber schnell niedergeschlagen wurden. Im Ruhrgebiet hingegen formierte sich eine »Rote Ruhrarmee«, die mindestens 50 000 Mann zählte. Darunter waren erfahrene Frontsoldaten, aber auch kommunistische Arbeiter ohne militärische Ausbildung. Vor allem Kommunisten und linke Sozialdemokraten setzten darauf, dass »sich die Kappianer und Ebertianer gegenseitig die Schädel einschlagen« würden. Doch nach dem schnellen Scheitern des Putsches wollte man den Moment nutzen, um die Revolution zu vollenden und der »Diktatur des Proletariats« zum Sieg zu verhelfen. An Rhein und Ruhr eskalierte nun die Gewalt.

Die Reichsregierung konnte dieser Entwicklung nicht tatenlos zusehen. Loyale Regierungstruppen erhielten den Auftrag, ohne Rücksicht gegen Aufständische vorzugehen. Schnell entstanden auf beiden Seiten Gerüchte über Gräueltaten. Die Reichswehr verlor zu Beginn der Auseinandersetzung zahlreiche Gefechte. Waffen, Minenwerfer und Geschütze fielen dadurch in die Hände der Roten Ruhrarmee. Die Regierungstruppen gerieten teilweise in Panik, es kam zu Desertationen. Das Freikorps Lichtschlag, das den Kapp-Putsch zunächst unterstützt hatte und jetzt gegen die Rote Ruhrarmee zum Einsatz kam, wurde in den Kämpfen aufgerieben. Doch den Aufständischen gelang es nicht, ihre anfängliche Überlegenheit und die Erfolge zu nutzen. Es fehlte an einer einheitlichen Führung, also blieben die militärischen Aktionen unkoordiniert und ohne Wirkung.

Reichskanzler Hermann Müller (SPD) fand klare Worte. Er bezeichnete die Rote Ruhrarmee als »bewaffneten Mob«. Damit legitimierte er das harte Vorgehen der Reichswehr. Als Reichs- und Staatskommissar für das rheinisch-westfälische Industriegebiet setzte Carl Severing (SPD) vor Ort hingegen auf Verhandlungen. Sein Ziel war die Spaltung der Ruhrarmee mittels politischer Zugeständnisse. Severings Plan ging teilweise auf, führte aber zur Radikalisierung der noch verbliebenen Kräfte. Verhandlungen lehnte man ab. Diese seien ein »Dolchstoß in den Rücken der kämpfenden Proletariermassen«.

Ende März 1920 erreichten die Kämpfe ihren Höhepunkt. Noch einmal starben über 100 Aufständische und drei Soldaten der Reichswehr. Inzwischen hatte sich das Kräftegleichgewicht eindeutig zugunsten der Regierungstruppen verschoben. Nachdem Reichswehr und Polizei die Ordnung wiederhergestellt hatten, begann die Aufarbeitung. Es waren mehr als 2500 Tote zu beklagen, darunter auch Opfer willkürlicher Erschießungen. Auf beiden Seiten hatte es Plünderungen gegeben, Raubdelikte und Erpressungen wurden gemeldet. Generalleutnant Oskar von Watter, verantwortlich für das harte Vorgehen seitens der Regierungstruppen, verlor Ende April seinen Posten.

Zwar hatte die vorläufige Reichswehr sich bei den Einsätzen im Innern »bewährt«, doch nicht minder waren die Regierungstruppen gefordert, wenn es um den Schutz des Reiches an seinen Grenzen ging. Unmittelbar nach der Revolution übernahm der Grenzschutz Ost unter dem Kommando der Obersten Heeresleitung (OHL) die Aufgabe, die polnischen Aufstände im Osten niederzuhalten und im Baltikum die deutschen Interessen zu schützen. Zum Einsatz kamen dabei ebenso aus regulären Heeresverbänden hervorgegangene Freikorps sowie Freiwilligenverbände.

Weniger bekannt sind bis heute die Kämpfe während des Posener Aufstands und der Verteidigung Ostpreußens 1919 und 1920 gegen die sowjetrussische Rote Armee, bei denen mehrere tausend Menschen

Infolge des Kapp-Putsches stellten nun vor allem Kommunisten, aber auch die USPD und einige Sozialdemokraten die Republik infrage. Es kam zum Aufstand an der Ruhr. An vielen Orten, wie hier in Lohberg, sammelten sich im März 1920 Truppen der Roten Ruhrarmee.

starben. Vor allem die im Baltikum eingesetzten Freikorps erwarben sich bald einen in nationalen Kreisen legendären Ruf, kämpften sie doch weiter unter der schwarz-weiß-roten Flagge. Dort entwickelten die Truppen eine Mentalität, die am ehesten dem späteren Mythos der Freikorps von rücksichtslosen und von nationalem Geist durchdrungenen heldenhaften Kämpfern entsprach. Als die »Baltikumer«, wie die dort eingesetzten Freikorps genannt wurden, den Gehorsam gegenüber der Regierung in Berlin verweigerten, kam es zum Konflikt. Im Winter 1919 mussten sie nach Deutschland zurückkehren. Man hatte ihnen mit der Streichung ihrer Versorgungsbezüge gedroht. Gerade in den Reihen dieser Männer, zu denen auch Oberleutnant a.D. Roßbach gehörte, wurde die Saat gelegt, aus der ein tiefer Hass auf die Republik erwachsen sollte.

Einen Schwerpunkt bildeten die Kämpfe um Oberschlesien zwischen 1919 und 1921. Vor allem die Schlacht am St. Annaberg, der erste militärische Sieg deutscher Truppen nach Ende des Krieges, war von

Konflikte und Putschversuche 1919 – 1923

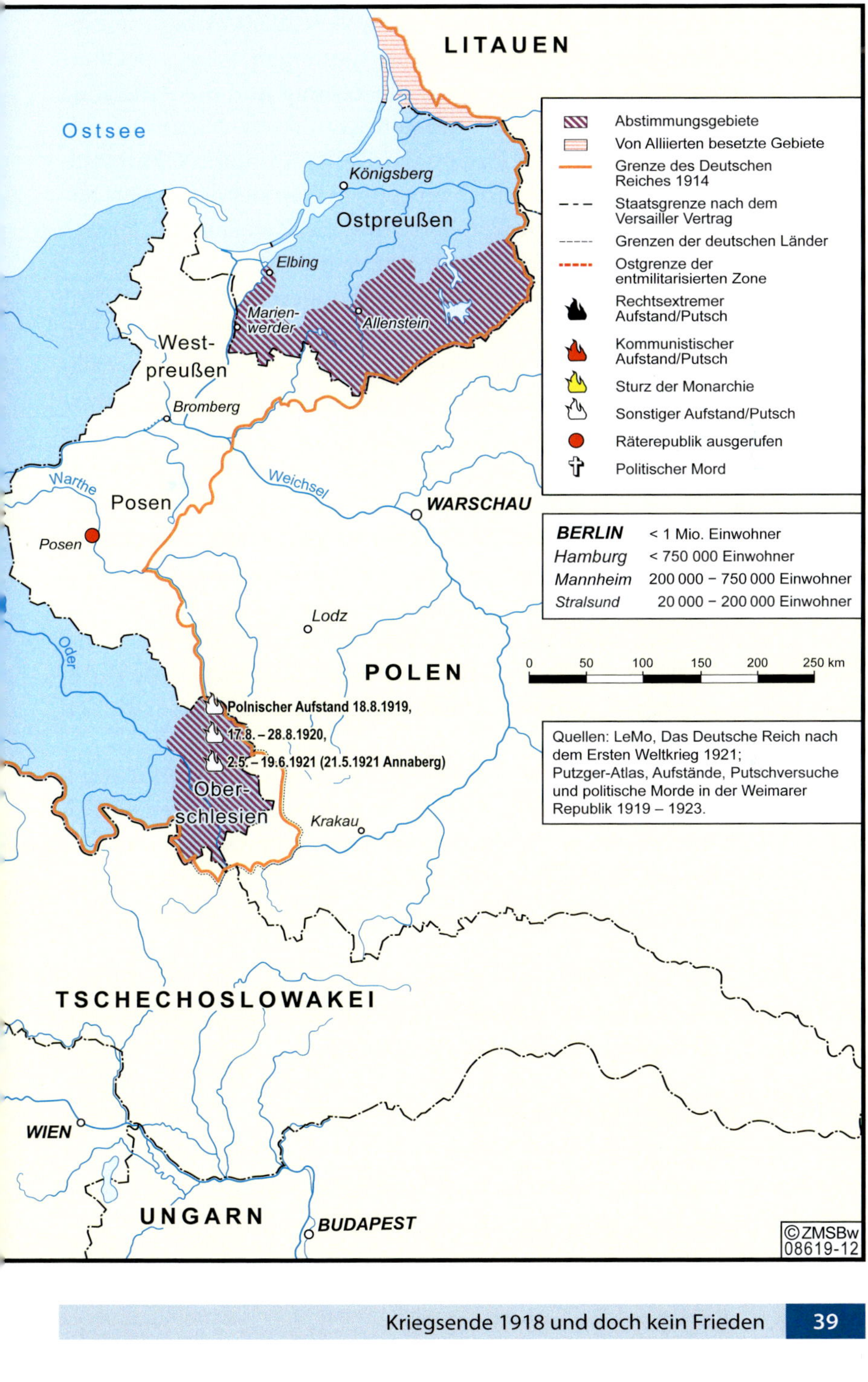
LITAUEN
Ostsee
Königsberg
Ostpreußen
Elbing
Marien-
werder
Allenstein
West-
preußen
Bromberg
Warthe
Posen
Posen
Weichsel
WARSCHAU
Lodz
Oder
POLEN
Polnischer Aufstand 18.8.1919,
17.8.–28.8.1920,
2.5.–19.6.1921 (21.5.1921 Annaberg)
Ober-
schlesien
Krakau
TSCHECHOSLOWAKEI
WIEN
UNGARN
BUDAPEST
Abstimmungsgebiete
Von Alliierten besetzte Gebiete
Grenze des Deutschen Reiches 1914
Staatsgrenze nach dem Versailler Vertrag
Grenzen der deutschen Länder
Ostgrenze der entmilitarisierten Zone
Rechtsextremer Aufstand/Putsch
Kommunistischer Aufstand/Putsch
Sturz der Monarchie
Sonstiger Aufstand/Putsch
Räterepublik ausgerufen
Politischer Mord
BERLIN < 1 Mio. Einwohner
Hamburg < 750 000 Einwohner
Mannheim 200 000 – 750 000 Einwohner
Stralsund 20 000 – 200 000 Einwohner
0 50 100 150 200 250 km
Quellen: LeMo, Das Deutsche Reich nach dem Ersten Weltkrieg 1921; Putzger-Atlas, Aufstände, Putschversuche und politische Morde in der Weimarer Republik 1919 – 1923.
©ZMSBw
08619-12

hoher symbolischer Bedeutung. Nach der im Versailler Vertrag vorgesehenen Volksabstimmung war man davon ausgegangen, dass ganz Oberschlesien deutsch bleiben würde, doch die Teilung und die Aufstände von polnischer Seite führten zu erneuten Konflikten. Nicht nur aufgrund der Wirtschaftskraft der Region wurde der Kampf in Oberschlesien zum Sinnbild für den Selbstbehauptungswillen der deutschen Nation. Es kam am Ende zur Teilung Oberschlesiens. Zwei Drittel des Gebiets verblieben beim Reich, ein Drittel wurde polnisch.

Neben den bewaffneten Auseinandersetzungen erschütterten immer wieder Schlagzeilen über politische Morde die Republik. In den Anfangsjahren fielen fast 400 Menschen politisch motivierten Anschlägen zum Opfer. Der politische Mord war ein häufig gewähltes Terrormittel, das vor allem Rechtsextremisten nutzten. Bekannt sind die Morde an Rosa Luxemburg und Karl Liebknecht im Januar 1919. Die Ermittlungen nach der Tat wurden nur schleppend geführt, das Strafmaß für die Mörder war gering. Bis 1922 stehen mehr als 350 von rechtsextremen Tätern verübte Morde 22 linksextrem motivierten Taten gegenüber. Die Opfer gehörten keineswegs nur dem jeweils anderen Lager an. Mit Matthias Erzberger von der katholisch geprägten Zentrumspartei (Zentrum) und Walther Rathenau von der Deutschen Demokratische Partei (DDP) gerieten auch bürgerliche Politiker ins Visier der rechtsextremen Terroristen.

Als am 24. Juni 1922 bekannt wurde, dass Rathenau ermordet worden war, empörte sich die Republik. Die meisten Menschen waren ehrlich betroffen. Es kam nicht nur in Berlin, sondern in unzähligen Städten und Gemeinden zu Kundgebungen, die als ein Akt des Aufbegehrens derjenigen verstanden werden können, die ein Ende der Gewalt herbeisehnten und für die Republik eintraten. Am Tag der Ermordung trat Adolf Hitler eine einmonatige Haftstrafe wegen Landfriedensbruchs an. Die NSDAP verteilte nach dem Mord Flugblätter: »Der Rathenau ist leider tot. Es leben noch Ebert und Scheidemann.«

Die Angst vor einem Bürgerkrieg war Ausdruck der Furcht vor einem möglichen Zusammenbruch der staatlichen Ordnung, vor Chaos, Armut und Hunger, Perspektivlosigkeit und Gewalt. Diejenigen, die der Revolution das Wort redeten – zunächst die Kommunisten und dann auch die Nationalsozialisten – verbanden damit hingegen das Versprechen einer besseren Zukunft. Die weit verbreitete Angst war zugleich

Rechtsterroristen ermordeten im August 1921 den Zentrumspolitiker Matthias Erzberger (l., 1875–1921). Erzberger war vielen eine Hassfigur, da er 1918 den Waffenstillstand unterzeichnet hatte. Auch der liberale Politiker Walther Rathenau (r., 1867–1922) wurde 1922 ein Opfer rechtsextremer Gewalt.

Ausdruck dafür, wie sehr die Menschen ein Ende der Gewalt und des Krieges herbeisehnten. So gab jeder Akt politisch motivierter Gewalt der Sorge vor einem Bürgerkrieg neuen Auftrieb, selbst wenn diese Ereignisse singulär und lokal beschränkt blieben. Durch die umfassende Berichterstattung über Unruhen in den Zeitungen war die Angst vor dem Zerbrechen der Einheit des Reiches und der staatlichen Ordnung in einem Bürgerkrieg allgegenwärtig.

Reichswehrminister Otto Geßler (DDP) sah außerdem in der im Versailler Vertrag vorgeschriebenen Reduzierung des Reichsheeres die Gefahr, dass die Armee nicht in der Lage sein werde, innere Unruhen wirksam zu bekämpfen und im Falle eines Bürgerkriegs die staatliche Ordnung zu verteidigen. Diese Sorge äußerte er zuerst nach dem Abschluss des Friedensvertrags, dann nach dem gescheiterten Kapp-Putsch 1920 und schließlich wieder im Herbst 1923. Gut eine Woche vor dem Hitlerputsch schrieb er an Reichspräsident Friedrich Ebert: »Die Diktatur Kahr im ganzen Süden, Bürgerkrieg in Sachsen und Thüringen, das Auseinanderfallen Preußens, ein verhungerndes Berlin in den Händen der Kommunisten, Triumph der vaterländischen Verbände in der Mark und in Schlesien. Die Reichswehr wird zwischen solchen Mühlsteinen einfach zermalmt werden und als Machtmittel einer Reichsregierung ausscheiden.«

↗ Reichswehrminister Otto Geßler (l., 1875–1955) und Reichspräsident Friedrich Ebert (Mitte) schreiten im Juni 1922 eine Ehrenkompanie der Reichswehr ab. Beide wollten die Reichswehr als überparteiliche und neutrale Institution im Staatsgefüge etablieren.

Die Reichswehr und paramilitärische Verbände

Die Demobilisierung der Truppen nach Ende des Ersten Weltkriegs war eine enorme Herausforderung. Die Soldaten wollten nach Hause. Der militärische Wert vieler Einheiten, die geschlossen von der Front in die Heimat marschierten, war sehr unterschiedlich, größtenteils aber gering. Da sie mit der Aufrechterhaltung von Ruhe und Ordnung im Innern und der Bewältigung der Krisen im Osten des Reiches militärisch überfordert waren, ging man dazu über, neue Freiwilligenverbände aufzustellen. Auch die Freikorps hatten ihren Ursprung meist in den regulären Verbänden des Heeres und stützten sich auf deren Logistik.

Bei der Aufrechterhaltung der inneren Ordnung und der Durchsetzung des eigenen Machtanspruchs griff die Reichsregierung wahlweise auf reguläre Truppen oder neu entstandene Freiwilligenverbände zurück. Seit dem Gesetz über die Bildung einer vorläufigen Reichswehr vom 6. März 1919 galt es, ungeachtet aller akuten Krisen und Herausforderungen, »auf demokratischer Grundlage« und »durch Anwerben von

Mit »Zeitfreiwilligen« wollte die Republik in ihrer Anfangszeit vor allem im Osten die Grenzen sichern und im Innern die Ordnung gegen kommunistische Kräfte aufrechterhalten.

Freiwilligen« eine neue Armee aufzubauen. Erst am 23. März 1921 wurde das Reichswehrgesetz beschlossen, in dem die künftige Struktur der Armee festgeschrieben wurde.

Anfangs gelang es kaum, neue Rekruten zu finden. Der Dienst in der Reichswehr war zunächst nicht sonderlich gut bezahlt, und so konnten nicht alle Dienstposten besetzt werden. In den Freiwilligenverbänden und Freikorps war bisweilen der Sold höher. Außerdem stand die Armee keineswegs überall in hohem Ansehen bei der Bevölkerung. Vielerorts gab es Beschwerden über Disziplinlosigkeit. Eine kritische Öffentlichkeit sowie eine mehr oder weniger ablehnende Haltung der politischen Linken gegenüber der Reichswehr erschwerten zudem die Bindung der Armee an den Staat. Auch in der Presse musste sich die Reichswehr immer wieder des durchaus zutreffenden Verdachts erwehren, sie sympathisiere mit reaktionären Kräften. Im Reichstag gab es regelmäßig Debatten über die Zuverlässlichkeit der Armee. Durch die Zusammenarbeit der Reichswehr mit Freikorps oder vaterländischen Verbänden sahen sich manche in ihrem Misstrauen bestätigt.

Vor allem die kriegsgedienten Offiziere der Reichswehr waren es nicht gewohnt, öffentlich beurteilt zu werden. Sie betrachteten die Armee als »intakten Kern der Nation«, auf Kritik von außen reagierten sie mit Unverständnis. Die Reichswehrführung versuchte, die Armee aus parteipolitischen Auseinandersetzungen herauszuhalten. Doch gerade das erschwerte das Erlernen der Demokratie, in der die Reichswehr eine ihr durch die Verfassung zugewiesene Rolle auszufüllen hatte, die sich von der des Kaiserreichs zwangsläufig fundamental unterschied.

Nicht minder schwer traf die neue Reichswehr die Skepsis, mit der ihr ehemalige Offiziere begegneten. Für Menschen mit einem ausgeprägten Ehrenkodex fiel es ins Gewicht, wenn die Offiziere der »Alten Armee«, wie man die Streitkräfte des Kaiserreichs nannte, den Reichswehroffizieren regelmäßig die Erwiderung des militärischen Grußes verweigerten. So saß die Reichswehr buchstäblich zwischen den Stühlen. Skandale und das Fehlverhalten einzelner Soldaten, ein bisweilen unverhältnismäßiger Einsatz von Gewalt und das Unvermögen, mit Kritik adäquat umzugehen, sowie eine Justiz, die Vergehen kaum ahndete, belasteten das Ansehen der Armee. Auch die bisweilen von Offizieren offen zur Schau getragene Missachtung der Symbole und Farben der Republik taten ihr Übriges.

Reichswehr Anfang/Mitte der 1920er Jahre: Gliederung, Dislozierung und Befehls-/Unterstellungsverhältnisse

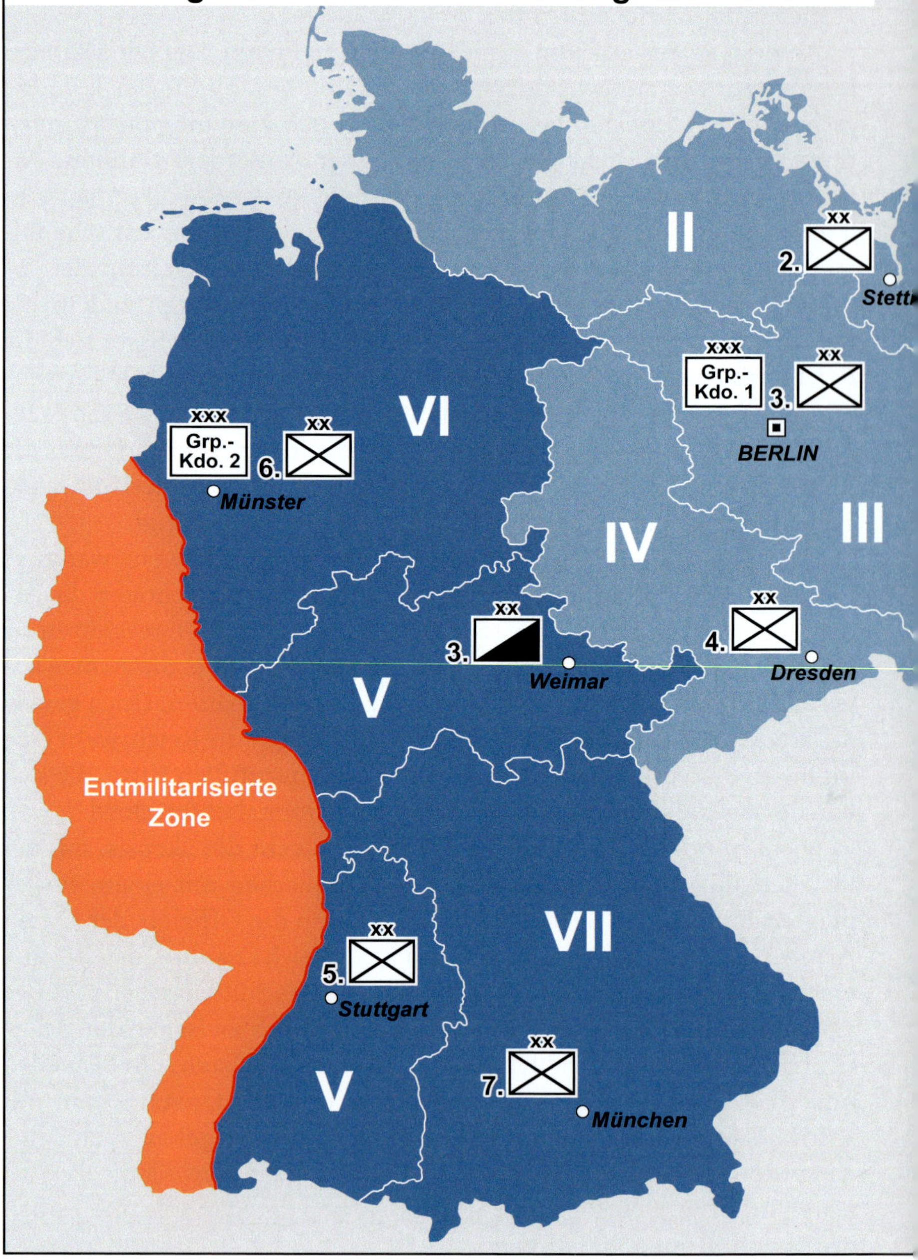

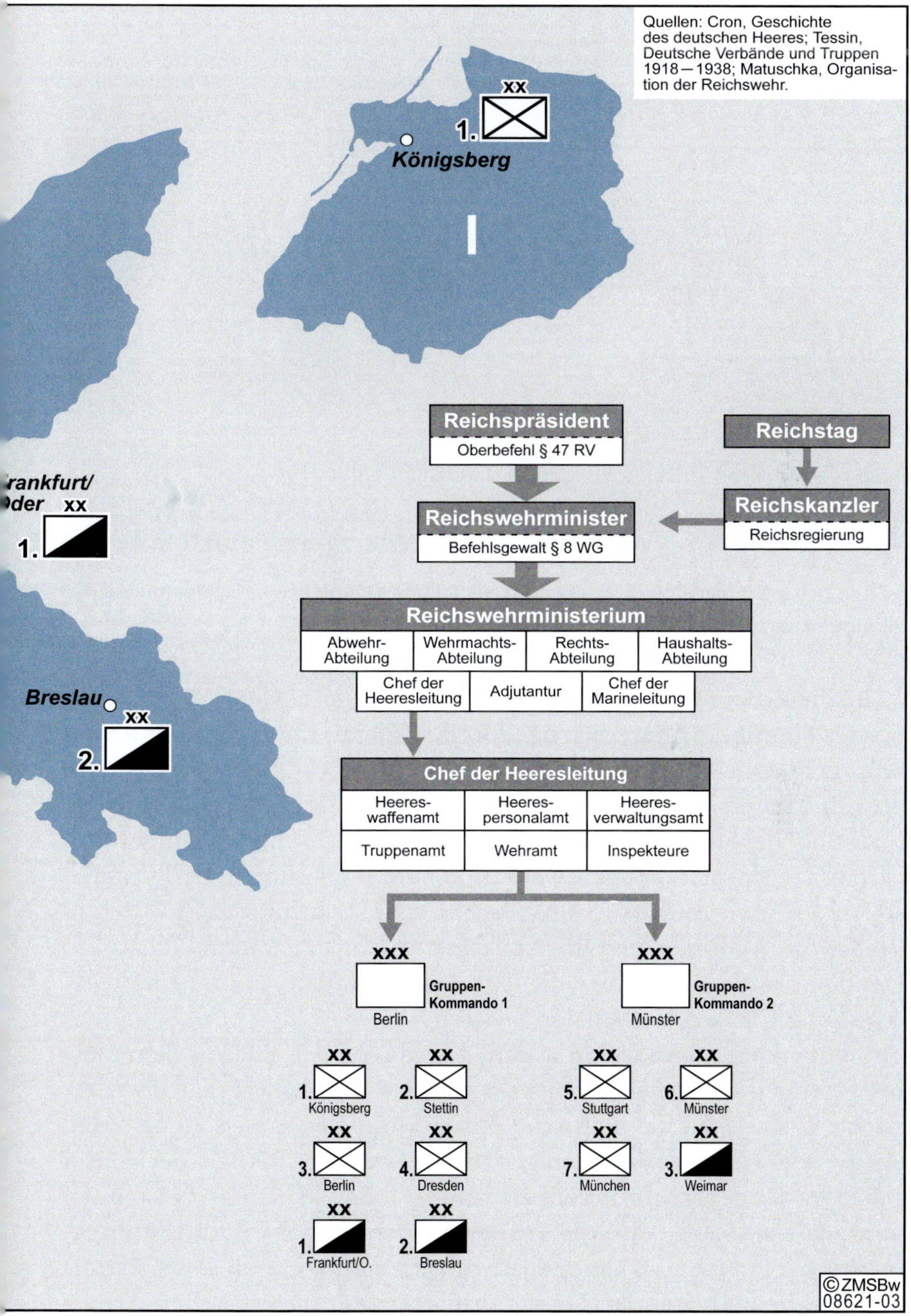
Quellen: Cron, Geschichte des deutschen Heeres; Tessin, Deutsche Verbände und Truppen 1918—1938; Matuschka, Organisation der Reichswehr.
XX
1.
Königsberg
I
rankfurt/
Oder
XX
1.
Breslau
XX
2.
Reichspräsident
Oberbefehl § 47 RV
Reichstag
Reichswehrminister
Befehlsgewalt § 8 WG
Reichskanzler
Reichsregierung
Reichswehrministerium
Abwehr-Abteilung
Wehrmachts-Abteilung
Rechts-Abteilung
Haushalts-Abteilung
Chef der Heeresleitung
Adjutantur
Chef der Marineleitung
Chef der Heeresleitung
Heeres-waffenamt
Heeres-personalamt
Heeres-verwaltungsamt
Truppenamt
Wehramt
Inspekteure
XXX
Gruppen-Kommando 1
Berlin
XXX
Gruppen-Kommando 2
Münster
XX
1. Königsberg
XX
2. Stettin
XX
3. Berlin
XX
4. Dresden
XX
1. Frankfurt/O.
XX
2. Breslau
XX
5. Stuttgart
XX
6. Münster
XX
7. München
XX
3. Weimar
©ZMSBw
08621-03

Sollten sich nicht parteipolitisch engagieren: Soldaten der Reichswehr, hier mit Nachbildungen von Panzern in einem Manöver, 1926.

Bis heute wird daher oft das Bild von der Reichswehr als »Staat im Staate« bemüht. Konnte sich die Politik nicht auf die Armee der Republik verlassen? Belegt wird der Zweifel an der Loyalität der Reichswehr oft mit Zitaten von Generaloberst Hans von Seeckt, der von 1920 bis 1926 Chef der Heeresleitung war. Als er in der Krise im November 1923 gefragt wurde, ob die Reichswehr hinter der Regierung in Berlin stehe, soll er geantwortet haben: »Die Reichswehr steht hinter mir.« Richtig ist, dass die Mehrheit der Offiziere keine Anhänger der Republik waren. Der demokratische Diskurs, die Parteien, das Parlament und eine kritische Öffentlichkeit blieben den meisten fremd.

So überzeugt viele davon waren, dass die Armee sich aus dem Meinungsstreit der Parteien heraushalten müsse, so sehr war man doch bestrebt, Einfluss auf die politische Entwicklung des Landes zu nehmen. Seeckt erklärte: »Die Forderung, dass die Armee außerhalb der Politik gehalten wird, ist unbestreitbar richtig, wenn darunter verstanden wird, dass sie selbst, also die Truppe, keinen Einfluss auf Regierungsmaßregeln zu nehmen hat und jedem parlamentarischen sowie Parteigetriebe fernzuhalten ist. Dieser Grundsatz der unpolitischen Armee darf aber nicht so ausgelegt werden, dass die Leitung der Armee, also das Reichswehrministerium, von der Entwicklung der allgemeinen Staatspolitik ferngehalten wird.«

Eine unpolitische Reichswehr, die Politik machte? Seeckt fand das nur folgerichtig. Die Reichswehr konnte im politischen Meinungsstreit nur wirken, wenn ihre Offiziere nicht verschiedenen Parteien zuzurechnen waren. Dahinter stand die Vorstellung einer überparteilichen und der Nation verpflichteten Einflussnahme des Militärs auf politische Entscheidungen, die in der Weimarer Verfassung so gar nicht vorgesehen war.

Fest steht, dass auch Reichspräsident Ebert keine Reichswehr wollte, deren Soldaten parteipolitisch engagiert waren. Die Reichswehrminister Noske und Geßler folgten dieser Position. Damit verband Ebert und Seeckt ein Vertrauensverhältnis, das außerdem auf persönlichem Respekt beruhte. Dies ging so weit, dass Ebert Seeckt in der Nacht vom 8. auf den 9. November 1923 die vollziehende Gewalt in ganz Deutschland übertrug. Ebert kommentierte seine Entscheidung mit den Worten: »Ich habe keinen Anlass, um General von Seeckt diesen Beweis meines Vertrauens zu versagen.« Seeckt wusste darum und machte immer wieder deutlich, dass die Reichswehr auch »gegen Gesinnungsgenossen die Staatsautorität verteidigen« werde. Der Historiker Heiner Möllers kommt daher zu dem Ergebnis, dass die Reichswehr »zwar loyal zum Staat stand und nicht putschte, aber ihm auch nicht aus Überzeugung diente«.

Trotz aller Bemühungen war das Offizierkorps keineswegs so homogen wie angestrebt. Vielmehr rangen drei unterschiedliche Gruppen um Macht und Einfluss. Da waren die restaurativen Militaristen, die weiterhin monarchistisch dachten und die Republik offen ablehnten. Ihnen gegenüber standen die pragmatischen Technokraten, die sich durchaus der Republik verschrieben hatten, und verfassungsloyale Attentisten (lat. *attendere* für *abwarten*), die eine abwartende Haltung einnahmen.

Wie sah nun die im Reichswehrgesetz festgelegte Struktur der Armee aus? Unter dem Oberbefehl des Reichspräsidenten übte der Reichswehrminister die Befehlsgewalt aus. Die Armee wurde zivil kontrolliert. Dem Reichswehrminister unterstand der Chef der Heeresleitung, der das Personalamt, das Truppenamt, die Ausbildungsabteilung und die Ins-

Infanterie-Division, Reichswehr, Anfang/Mitte der 1920er Jahre

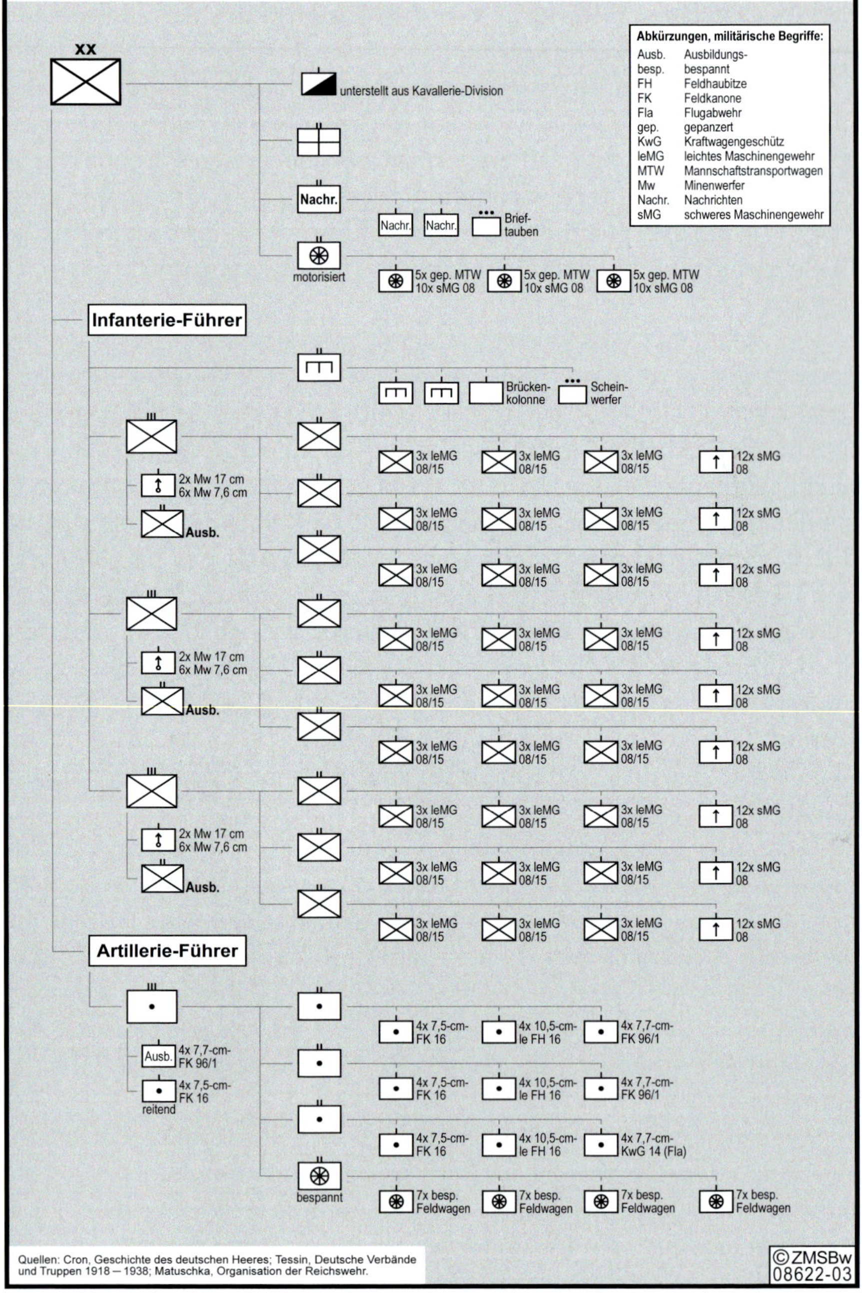

Quellen: Cron, Geschichte des deutschen Heeres; Tessin, Deutsche Verbände und Truppen 1918 – 1938; Matuschka, Organisation der Reichswehr.

©ZMSBw 08622-03

Legende zur nebenstehenden Divisions-Gliederung

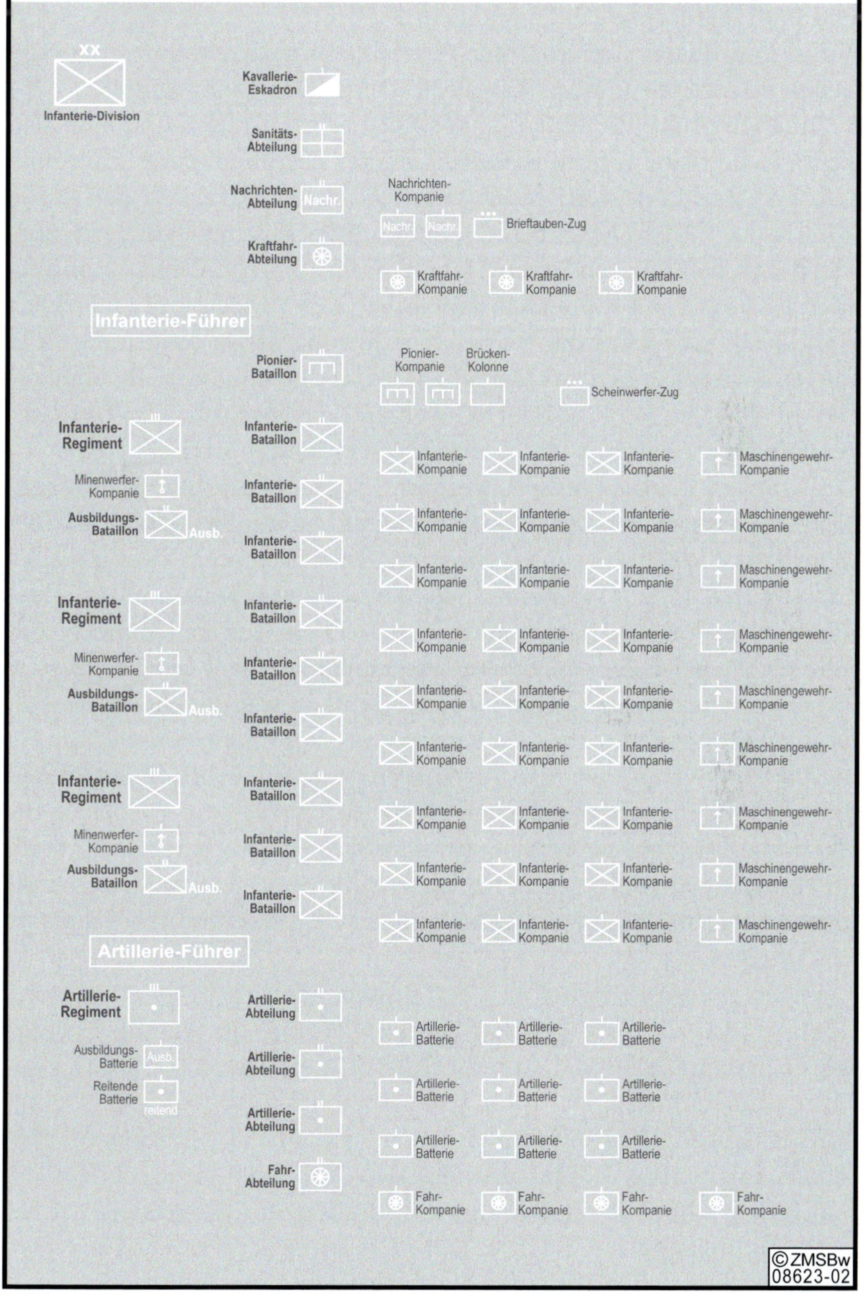

pektion führte. Ein Chef der Heeresverwaltung leitete das Verwaltungs- und Waffenamt sowie das Sanitäts- und Veterinärwesen. Den beiden in Berlin und Kassel stationierten Generalkommandos waren insgesamt sieben Infanterie- und drei Kavallerie-Divisionen nachgeordnet.

Eine wirksame Verteidigung des Reiches nach außen und eine aussichtsreiche Bekämpfung massiver innerer Unruhen waren mit einer solchen Streitmacht nur schwer möglich. Die Reaktion auf den Kapp-Putsch oder die Niederschlagung anderer Aufstandsbewegungen ließen dies deutlich vor Augen treten. Das Deutsche Reich blieb innenpolitisch angreifbar und außenpolitisch erpressbar. Mit Wissen und Unterstützung der Politik sann die Reichswehrführung daher darauf, die Rüstungsbeschränkungen des Versailler Vertrags zu umgehen. So entstanden die illegalen Verbände der Schwarzen Reichswehr, zu der Freiwilligenverbände, Freikorps und Einwohnerwehren gehörten.

Darüber hinaus wurden unter dem Namen Schwarze Reichswehr auch Arbeitskommandos aufgestellt, deren Angestellte formal Zivilisten waren, die aber den Auftrag hatten, das vorhandene Kriegsgerät zu erfassen und zu katalogisieren. Die Männer dieser Kommandos bildeten eine Reserve und hatten oft nur kurze Dienstzeiten. Dennoch sollten sie vollumfänglich militärisch ausgebildet werden. Der Vorgesetzte dieser Arbeitskommandos in Norddeutschland war der ehemalige Major Bruno Ernst Buchrucker. In Bayern war Hauptmann Ernst Röhm für die Verbände der Schwarzen Reichswehr verantwortlich. Die Männer, die sich ihnen anschlossen, trieb oft die materielle Not, viele auch die Abenteuerlust, andere fanden sich nach dem langen Krieg nicht mehr im Zivilleben zurecht. Als im Herbst 1923 die Existenz solcher Verbände bekannt wurde, leugnete Geßler schlichtweg, dass es eine Schwarze Reichswehr gab.

Deren Zusammenarbeit mit den bestehenden Wehrverbänden und Gruppen war aus Sicht der Reichswehr allerdings notwendig. Folglich wurde darüber diskutiert, unter welchen Umständen künftig Krieg geführt werden könne. Die 100 000 Mann sollten dabei den Kern eines künftig deutlich vergrößerten Heeres bilden, eine Kaderarmee für eine Wiederaufrüstung. Sorge bereitete den Militärexperten zudem die mangelnde Kampfbereitschaft. Eine Militarisierung der Gesellschaft sei daher unumgänglich. Und da es keine Wehrpflicht geben durfte, waren die paramilitärischen Verbände hierfür das geeignete Instrument.

Übernahme des bayerischen Militärs in die Reichswehr am 25. August 1919 in München. (v. l. n. r.).: Oberst Franz Ritter von Epp (4. v. l.), Reichswehrminister Gustav Noske und Reichspräsident Friedrich Ebert. Das deutsche Heer des Weltkriegs hatte aus Kontingentarmeen bestanden. Landsmannschaftliche Traditionen wurden vor allem in Bayern fortgesetzt. So führte die in Bayern stationierte Division die Bezeichnung »7. (bayerische) Division«.

Im Wehrgesetz hieß es: »Die Wehrmacht der Deutschen Republik ist die Reichswehr.« Die Reichswehr war aber keineswegs der einzige Waffenträger in der Republik. Auch die Landespolizeien in Bayern und Preußen waren militärisch organisiert und verfügten über eine vergleichbare Ausrüstung. Generalleutnant Otto von Lossow, Landeskommandant der Reichswehr in Bayern und zudem Kommandeur der 7. (bayerischen) Division, lobte die bayerische Landespolizei öffentlich für ihren Ausbildungsstand und ihre Einsatzbereitschaft, die weitgehend dem einer Division der Reichswehr entspreche.

Hinzu kamen mit dem Stahlhelm, der Reichsflagge, dem Wikingbund, dem Jungdeutschen Orden, dem Bund Blücher, dem Wehrwolf, dem Bund Oberland oder auch dem Bund Bayern und Reich sowie der

Der »Deutsche Tag« 1923 in Nürnberg war eine der größten politischen Kundgebungen der nationalen und völkischen paramilitärischen Verbände und Gruppen in den Anfangsjahren der Republik. Links verfolgt Adolf Hitler (1889–1945) den Vorbeimarsch der SA-Verbände.

SA eine Vielzahl von paramilitärischen Verbänden, die oft über eigene Waffenlager und Ausbildungsmöglichkeiten verfügten oder auf die Ressourcen der Reichswehr zurückgreifen konnten. Festzuhalten ist aber, dass man selten von der Mitgliederzahl dieser Verbände auf die entsprechende Kampfkraft schließen konnte. Der Ausbildungsstand war meist eher gering. Im politischen Raum fanden diese Verbände ihr Äquivalent in einer unüberschaubaren Zahl an rechtsextremen und völkischen Parteien.

Während sich die meisten der paramilitärischen Verbände als Ergänzungsreserve der Armee verstanden, galt dies nicht für die SA. Die gefürchtete Schlägertruppe war bald mehr als der Saalschutz der NSDAP. Sie wurde militärisch organisiert und strukturiert, zudem forderte sie die Staatsmacht immer wieder heraus. Hauptmann Ernst Röhm, Hitlers Verbindungsmann in den Reihen der Reichswehr, sah später in der SA eine Art Volksmiliz, die den revolutionären Geist des Nationalsozialis-

Deutscher Kampfbund

Der Deutsche Kampfbund war eine paramilitärische Organisation, in der sich die Hitler nahestehenden Organisationen Anfang September 1923 zusammenschlossen: der Bund Oberland, die Sturmabteilung (SA) und der Bund Reichsflagge. Der Bund Reichsflagge spaltete sich bald danach; der Bund Reichskriegsflagge unter der Führung von Hauptmann Ernst Röhm verblieb im Kampfbund. Neben Hitler war Erich Ludendorff eine treibende Kraft bei der Gründung des Kampfbundes. Die politische Leitung des Kampfbundes übernahm Hitler. Während des Putsches konnte er so über alle Männer der drei im Kampfbund zusammengeschlossenen Verbände verfügen, nicht nur über die SA.

mus verkörpere. Damit geriet sie automatisch in Konkurrenz zur Reichswehr, die sich als militärische Elite verstand. Es sollte noch eine Weile dauern, bis sich das Militär dieser Konkurrenz bewusst wurde. Einige Jahre später formulierte Röhm das Ziel der SA im Konflikt mit der Reichswehr: »Der graue Fels muss in der braunen Flut untergehen.«

Auf dem »Deutschen Tag« in Nürnberg am 1. und 2. September 1923 gelang es den Nationalsozialisten, durch den Zusammenschluss von SA (unter der Leitung von Hermann Göring), Bund Oberland (unter der Führung von Friedrich Weber) und Bund Reichsflagge drei schlagkräftige Verbände im Deutschen Kampfbund zu vereinen. Der Bund Reichsflagge spaltete sich bald danach, und der Bund Reichskriegsflagge, der Röhm unterstand, verblieb im Kampfbund. Neben Hitler war Erich Ludendorff eine der treibenden Kräfte bei der Gründung dieser paramilitärischen Organisation, deren militärischer Kopf Hermann Kriebel wurde. Die politische Leitung lag bei Hitler. Offenkundig war der Bund mehr als ein Zusammenschluss von Wehrverbänden. Zwar waren auch die meisten anderen Verbände nationalistisch, antisemitisch, antidemokratisch, völkisch und antimarxistisch, hatten sich aber keiner politischen Partei verschrieben. Der Kampfbund hingegen war faktisch Hitlers Privatarmee.

↗ Angehörige einer Bürgerwehr führen im Mai 1919 Anhänger der Räterepublik ab. Vielen linken Sozialdemokraten und Kommunisten ging die Novemberrevolution von 1918 nicht weit genug. Statt einer parlamentarischen Demokratie wollten sie ein Rätesystem. Am 7. April 1919 kam es zur Ausrufung der Münchener Räterepublik, die u. a. Freikorpsverbände und Reichswehrtruppen niederschlugen.

Bayern als »Ordnungszelle« und der Aufstieg der NSDAP

Die Revolution war in München im November 1918 unblutig und nahezu unspektakulär über die Bühne gegangen. Der König hatte abgedankt. Die in der bayerischen Bevölkerung durchaus beliebte Monarchie der Wittelsbacher war Geschichte. Der Sozialist Kurt Eisner trat an die Spitze der Regierung. Für kurze Zeit träumten linke Politiker und Intellektuelle von einer Räterepublik nach sowjetischem Vorbild, doch die handelnden Personen waren nicht in der Lage, die Alltagsprobleme der Menschen zu lösen. Nach einer verheerenden Wahlniederlage am 12. Januar 1919 für die USPD wurde Eisner am 21. Februar auf dem Weg zum Landtag, wo er seinen Rücktritt vom Amt des Ministerpräsidenten erklären wollte, ermordet. Eine sozialdemokratisch geführte Regierung übernahm das Ruder.

Anfang April 1919 wurde in München erneut die Räterepublik ausgerufen, und die neugebildete Rote Armee besetzte die Stadt. Die recht-

Trauerzug für Kurt Eisner am Sendlingertorplatz. Im Vordergrund Mitglieder der Münchner Sozialistischen Parteien, 26. Februar 1919.

mäßige Regierung von Ministerpräsident Johannes Hoffmann (SPD) floh nach Bamberg. Beim »Palmsonntagsputsch« am 13. April sollte die »Republikanische Schutztruppe«, die loyal zur Regierung stand, die Ordnung wiederherstellen, doch das Vorhaben misslang und 21 Menschen starben bei dem Versuch.

Unmittelbar danach entsandte die Reichsregierung Truppen, die wiederum mit großer Härte vorgingen. Es kam zu einer Eskalation der Gewalt. Im April und Mai herrschten bürgerkriegsähnliche Zustände in München. Fast 1000 Menschen kamen zu Tode, darunter auch Zivilisten, die nicht nur durch »verirrte Kugeln« getroffen, sondern oft gezielt hingerichtet wurden. Das Freikorps Epp, benannt nach seinem Führer, Oberst Franz Ritter von Epp, schlug die Räterepublik blutig nieder. Nach dem Einsatz von norddeutschen Regierungstruppen hieß es seitens der Reichswehr: »Der Unterschied zwischen den durch straffe Disziplin gefestigten preußischen Verbänden und den bayerischen Kontingenten fällt jedermann unangenehm auf. Einen ganz üblen militärischen Eindruck machen einzelne Freiwilligen-Verbände, denen man Gebirgskostüme gegeben hat.«

Als ein gutes Jahr später im fernen Berlin der Kapp-Putsch stattfand, erhielten die Aufständischen in München durchaus Unterstützung. Dem Drängen, das Kriegsrecht auszurufen, widersetzten sich Ministerpräsident Hoffmann und der Landeskommandant der Reichswehr, Generalleutnant Arnold Ritter von Möhl, zwar, aber in der Folge trat die Regierung zurück und Gustav Ritter von Kahr von der Bayerischen Volkspartei (BVP) wurde Ministerpräsident. Kahr formulierte offen das Ziel, von Bayern aus der von Sozialdemokraten und Liberalen geprägten Weimarer Republik etwas entgegenzusetzen. Bayern sah er als »Ordnungszelle«, die der Politik in Berlin etwas entgegensetzen wollte.

Eine der wesentlichen Ursachen für diese Entwicklung war das Trauma, unter dem die bayerische Politik seit den Tagen der Räterepublik litt: Dass damals eine linke Minderheit die Macht an sich gerissen hatte, durfte sich nicht wiederholen. Vor allem die Tatsache, dass Bayern nicht selbst in der Lage gewesen war, die Räterepublik zu beenden, lastete schwer auf dem bayerischen Selbstverständnis. In der Folge wurde München zu einem Rückzugsort der Republikgegner aus dem ganzen

Bei der Rückeroberung Münchens durch Freikorps Anfang Mai gingen zahlreiche Schaufensterscheiben zu Bruch, hier das »Cigarren-Haus Kopp«, bei dem noch mehrere Einschusslöcher zu sehen sind.

Das Freikorps Werdenfels war ein bayrischer Freiwilligenverband. Es wurde gegen die Räterepublik eingesetzt. Für viele Bayern war das Freikorps wichtig, da es darüber hinwegtäuschte, dass vor allem nichtbayerische Truppen die Räterepublik niedergeschlagen hatten.

Reich. Mitglieder der rechtsextremen Organisation Consul fanden ebenso wie Hermann Ehrhardt, der Führer der berüchtigten Brigade Ehrhardt, in der bayerischen Hauptstadt eine neue Bleibe. Selbst den »Preußen Ludendorff« verschlug es nach München. Er hatte beim Kapp-Putsch hinter den Kulissen versucht, die Fäden zu ziehen, und nach dem Scheitern behauptet, er sei nur »zufällig« vor Ort gewesen.

In dieser Zeit betrat erstmals ein ehemaliger Weltkriegssoldat die politische Bühne Münchens, der aus seiner Verachtung der Weimarer Republik ebenso wenig einen Hehl machte wie aus seinem Antisemitismus: Adolf Hitler. In einer Rede Mitte August 1920 im Hofbräuhaus erklärte er: »Wir brauchen Gewalt, um unseren Kampf durchzusetzen.« Zu dieser Zeit war er bereits Mitglied der Nationalsozialistischen Deutschen Arbeiterpartei (NSDAP). Wie kam es dazu?

Im Februar 1919 war Hitler nach München zurückgekehrt, wo er bereits vor dem Weltkrieg gewohnt hatte. Er erlebte die Räterepublik und deren Niederschlagung mit, ohne sich einer Seite anzuschließen. Als er vor einen militärischen Untersuchungsausschuss geladen wurde, verriet er die Kameraden, die sich der Räterepublik verpflichtet hatten. Wohl auch deshalb erinnerten sich Vorgesetzte später an den Gefreiten, als es darum ging, eine nachrichtendienstliche Abteilung aufzubauen. Deren Zweck war die Überwachung der Moral der Truppe sowie die Beobachtung politischer Gruppen in München. Bald erhielt der »V-Mann« Hitler seinen ersten Auftrag: Die zur Entlassung anstehenden Soldaten sollten durch ihn im nationalen Sinne politisch geschult werden. Wenig später sollte er die im Januar 1919 gegründete, stark antibürgerlich und sozialrevolutionär ausgerichtete Deutsche Arbeiterpartei (DAP) im Blick haben, die kaum 100 Mitglieder zählte und über keinerlei Einfluss verfügte. Mittels einer Sondergenehmigung der Reichswehr wurde Hitler im September 1919 Parteimitglied. Fortan sprach er regelmäßig auf politischen Kundgebungen der DAP. Seine Ablehnung der Weimarer Republik, sein Hass auf die »Novemberverbrecher« und sein Antisemitismus waren zu dieser Zeit schon ausgeprägt. Da sein Talent als Redner offensichtlich war, wurde er schnell zu einem Aushängeschild der jungen Partei.

Es dauerte nicht einmal ein halbes Jahr, und Hitler hatte der Partei seinen Willen aufgezwungen. Er selbst behauptete später, er habe die Unzulänglichkeiten der Parteiorganisation sofort erkannt, aber auch die ungewöhnliche Mischung aus antikapitalistischen und nationalistischen Vorstellungen geteilt. Am 24. Februar 1920 erfolgte die Umbenennung der DAP in Nationalsozialistische Deutsche Arbeiterpartei (NSDAP). Das 25 Punkte umfassende Parteiprogramm wurde vor 2000 Anhängern verkündet. Nachdem Hitler am 31. März 1920 aus der Reichswehr entlassen worden war, widmete er sich ganz der politischen Arbeit. Im Juli 1921 übernahm er schließlich das Amt des Parteivorsitzenden. Mit aller Macht wurde nun der Aufbau der Partei vorangetrieben. Seit dem Kauf des *Völkischen Beobachters* verfügte die NSDAP über eine eigene Zeitung, und mit dem Aufbau der Sturmabteilung (SA) als paramilitärischen Verband der Partei begann man gezielt, Männer im rechtsextremen Milieu zu rekrutieren.

Am 4. November 1921 kam es bei einer Kundgebung der NSDAP im Hofbräuhaus zur ersten Saalschlacht, bei der die SA wütete. Hitler kündigte danach an, nun werde man von der SA als einer »rohen, brutalen,

Angehörige der SA bei einer Übung 1923. Eine gängige Selbst- und Fremdbezeichnung für die Anhänger Hitlers war »Hitlerleute«. Die zeitgenössische Formulierung zeigt, dass sich die Stilisierung Hitlers zum Führer der Nationalsozialisten bereits vor dem Hitlerputsch durchgesetzt hatte.

vor keinem Mittel zurückschreckenden Bande« sprechen. Politische Mobilisierung erfolgte durch Gewalt, die ein wesentliches Element der politischen Agenda Hitlers war. Damit wurde zu einem frühen Zeitpunkt deutlich, dass die SA kein Wehrverband im eigentlichen Sinne war, sondern den politischen Zwecken Hitlers diente.

Innerhalb kürzester Zeit war Hitler in München und Bayern zu einer politischen Größe geworden. Mit ihren eigenen Fahnen, Liedern und Symbolen wurden die »Hitlerleute«, wie sie zeitgenössisch genannt wurden, bald zur prägenden Kraft in der völkischen und nationalen Bewegung Bayerns. Um Anerkennung und Aufmerksamkeit ringend, vertrat Hitler – unfähig zum Kompromiss – seine Sicht der Dinge und verhöhnte immer wieder die bayerische Regierung. Dennoch suchten die Verantwortlichen in der bayerischen Politik den Austausch mit ihm. Als im Juni 1922 in einer Diskussion mit Ludendorff, Kapp, Epp und Otto Pittinger, dem Führer des paramilitärischen Verbandes Bund Bayern und Reich, die Frage nach einem möglichen Kompromiss mit Berlin erörtert wurde, war Hitler dabei. Er forderte, man müsse die Kommunisten umwerben, um sich dann gegen Berlin zu wenden. Für diese Haltung hatten die anderen Männer keinerlei Verständnis. Mehr oder weniger direkt wurde Hitler des Saales verwiesen. Im Gehen drohte Hitler: »Ihr werdet den Verrat, den ihr heute am Deutschtum begeht, noch einmal bereuen; ihr werdet zu spät merken, wieviel Macht ich hinter mir habe.«

↗ **Beginn des Krisenjahres 1923: Ein geringfügiger Rückstand bei Reparationszahlungen führte im Januar zum Einmarsch von fünf französischen und einer belgischen Division ins Ruhrgebiet. Die Regierung in Berlin rief zum passiven Widerstand auf.**

Das Krisenjahr 1923

Bereits am 10. Januar 1923 hatte der württembergische Gesandte Carl Moser von Filseck von einem Gespräch mit dem bayerischen Ministerpräsidenten berichtet: »Es werde hier viel über einen bevorstehenden Putsch der National-Sozialisten geunkt. Immerhin mache die nationalsozialistische Bewegung der Regierung ernste Sorge und werde von ihr mit größter Aufmerksamkeit verfolgt.« Doch Bayern war keineswegs der einzige Unruheherd im Reich. An vielen Stellen brodelte es. Heftige innenpolitische Debatten erschütterten seit Jahresbeginn die Republik.

Das Jahr 1923 begann mit einem Paukenschlag. Französische und belgische Truppen besetzten im Januar das Ruhrgebiet, weil das Reich mit seinen Reparationszahlungen in Rückstand geraten war. Die Regierung rief zum passiven Widerstand auf, und die Bevölkerung unterstützte diese Form des Protests. Es kam zu Streiks, die Reparationszahlungen an Frankreich und Belgien wurden vollständig eingestellt. Unternehmen und Behörden verweigerten die Zusammenarbeit. Frankreich antwortete mit Repressionen. Am Karsamstag erschoss das französische

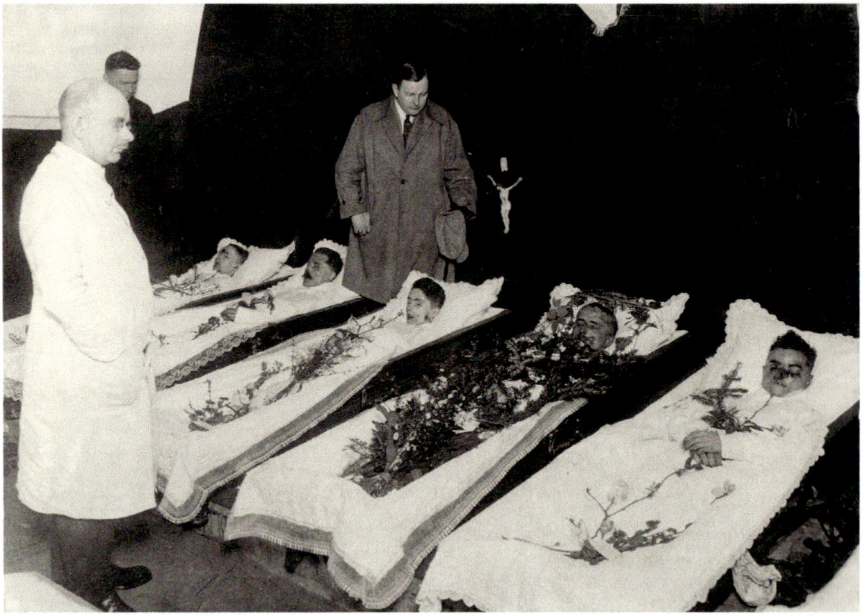

Am 31. März 1923 werden bei Protesten 13 Mitarbeiter der Friedrich Krupp AG in Essen von französischen Soldaten erschossen. Die Situation war eskaliert, als die Franzosen die LKW der Firma beschlagnahmen wollten.

Militär 13 Krupp-Arbeiter bei einer Demonstration in Essen. Später wurde Albert Leo Schlageter, der wegen verschiedener Sprengstoffanschläge und angeblicher Spionage hingerichtet worden war, zum Märtyrer im Kampf gegen Frankreich stilisiert.

Insgesamt starben während des »Ruhrkampfes« mindestens 130 Menschen, über 150 000 wurden ausgewiesen. Zwar einte die Empörung die Deutschen zunächst, doch die wirtschaftlichen Folgen waren verheerend: Die Inflation stieg und stieg. Um den Widerstand zu finanzieren, warf die Regierung die Druckerpressen an und ließ in großen Mengen Geld herstellen. Produktionsausfälle und Preissteigerungen führten zu einer beginnenden Hyperinflation. Als die neue Reichsregierung unter Gustav Stresemann im September auch deshalb das Ende des passiven Widerstands verkündete, war vor allem in nationalen Kreisen die Empörung groß. Die Krise spitzte sich weiter zu. Reichspräsident Ebert verhängte am 26. September den Ausnahmezustand und übertrug die vollziehende Gewalt dem Reichswehrminister. Man wollte gewappnet sein, um möglichen inneren Unruhen begegnen zu können. Die Reichswehr hielt nun die Zukunft der Republik in ihren Händen.

In Sachsen regierte eine sozialdemokratische Minderheitsregierung unter Erich Zeigner (SPD), die auf die Unterstützung der Kommunistischen Partei Deutschlands (KPD) angewiesen war. Auch der thüringische Ministerpräsident August Frölich (SPD) hatte keine eigene Mehrheit im Landtag und bildete schließlich eine »Arbeiterregierung« gemeinsam mit den Kommunisten. Die Reichsregierung in Berlin sah diese Entwicklung mit Sorge, denn der bewaffnete Arm der KPD, die Proletarischen Hundertschaften, ließ sich nicht unter Kontrolle bringen, sondern führte in Sachsen militärische Übungen durch, um sich in Anlehnung an die russische Oktoberrevolution auf einen »Deutschen

Reichsexekution

Die Weimarer Verfassung sah in Art. 48 Abs. 1 die Möglichkeit einer Reichsexekution vor, wenn die Länder ihre aus der Verfassung resultierenden Pflichten gegenüber dem Reich nicht erfüllten. Ihre Anordnung und Ausführung oblagen dem Reichspräsidenten. Das Grundgesetz kennt in Art. 37 den »Bundeszwang«, der weitgehend der Reichsexekution entspricht. Angesichts der Regierungsbeteiligung der KPD in Thüringen und Sachsen sowie der Aufstellung bewaffneter Verbände unter dem Namen Proletarische Hundertschaften befürchtete die Reichsregierung in Berlin erneute Unruhen und Putschpläne von Seiten der KPD. In Sachsen machte Reichspräsident Friedrich Ebert daher am 22. Oktober von seinem Recht der Reichsexekution Gebrauch.

Die Reichswehr marschierte ein, um Ruhe und Ordnung aufrechtzuerhalten. Eine Woche später erließ Ebert eine entsprechende Verordnung, auf deren Grundlage die Landesregierung für abgesetzt erklärt wurde. Die Reichswehr besetzte die Ministerien, und mit Rudolf Heinze (DVP) wurde ein Reichskommissar ernannt. In Thüringen wurde die formelle Reichsexekution schließlich durch den Rücktritt der Regierung vermieden. Zuvor waren die kommunistischen Minister zurückgetreten; die Reichswehr war in Thüringen einmarschiert und hatte der Landesregierung die Exekutivgewalt entzogen.

Kinder spielen mit wertlosem Geld. Seit Gründung der Republik lasteten enorme Kriegsschulden auf Deutschland. Um den Zahlungsverpflichtungen nachzukommen, brachte die Regierung immer mehr Geld in Umlauf. Ab Spätsommer 1923 entwickelte sich die Inflation zur Hyperinflation.

Oktober« vorzubereiten. Man fürchtete in Berlin einen erneuten Aufstand von links. Als Zeigner zwei Kommunisten als Minister in sein Kabinett berief, sah sich Ebert zum Handeln gezwungen. Er verhängte mittels einer Notverordnung die Reichsexekution zunächst Ende Oktober gegen Sachsen und Anfang November gegen Thüringen. Damit kam er den geplanten Aufständen zuvor. Dennoch kam es in Sachsen zu bewaffneten Auseinandersetzungen mit Toten und Verwundeten.

Auch in Hamburg hatte am 23. Oktober ein kommunistischer Aufstand begonnen, ebenfalls nach dem Vorbild der Oktoberrevolution. Polizei und Reichswehr gelang es schnell, die Lage zu kontrollieren, denn die militärischen Vorbereitungen der Revolte erwiesen sich als unzulänglich. In diesem »Deutschen Oktober« starben insgesamt über 100 Menschen.

Die Republik war im Krisenjahr 1923 aber nicht nur durch die Ruhrbesetzung und kommunistische Aufstände herausgefordert: Anfang Oktober galt es, einen dilettantischen Putschversuch von Buchrucker abzuwehren. Der ehemalige Major war verantwortlich gewesen für den Aufbau von Verbänden in der Schwarzen Reichswehr, hatte dabei aber seine Kompetenzen maßlos überschritten. Als die zuständigen Dienststellen davon Kenntnis erlangten, ordnete das Ministerium seine Verhaftung an. Buchrucker entzog sich ihr und versuchte, mit seinen Männern die Festung Küstrin an der Oder zu besetzen. Er sprach davon, dass der »große nationale Moment« nun gekommen sei, konnte aber die Festungsbesatzung nicht auf seine Seite bringen.

Das Unternehmen wirkte halbherzig; im Nachgang rechtfertigte sich Buchrucker, er habe die Aktion nur vorgetäuscht, weil ihm die Männer bei der befohlenen Entwaffnung und Demobilisierung nicht gefolgt seien. Erkennbar wollte er mit dieser Aktion die Reichswehrführung nach dem in nationalistischen und völkischen Kreisen als schmachvoll empfundenen Ende des Ruhrkampfes zum Handeln gegen die Reichsregierung bewegen. Als er seinen Vorgesetzten Oberstleutnant Fedor von Bock bat, seine Gedanken Seeckt vorzutragen, soll ersterer geantwortet haben: »Wenn Seeckt erfährt, dass Sie da sind, klemmt er sich das Monokel ins Auge und sagt: Sind anzugreifen!« Schließlich kam es zu einer bewaffneten Auseinandersetzung zwischen Reichswehrtruppen und den Arbeitskommandos, bei denen zwei Männer starben und mehrere verletzt wurden. Seeckt griff hart durch.

Bürgerkriegsähnliche Zustände in Sachsen. Ende Oktober 1923 ging die Reichswehr mit Gewalt gegen die Kommunisten vor. Nach dem Vorbild der russischen Oktoberrevolution von 1917 planten diese einen »Deutschen Oktober« und bewaffneten revolutionsbereite Arbeiter.

Neben den Angriffen auf die Republik von links und rechts war die Einheit des Reiches auch durch Separatisten bedroht. Bereits 1919 hatte es am Rhein entsprechende Bestrebungen gegeben, die aber gescheitert waren. Nun gründeten Anhänger einer territorialen Abspaltung vom Reich am 22. Oktober die Rheinische Republik und machten Josef Friedrich Matthes zum Ministerpräsidenten. Er und seine Mitstreiter konnten zunächst auf das Wohlwollen der Franzosen setzen. Die eigens rekrutierten Schutztruppen sicherten ihre Macht ab. Nachdem es aber zu Plünderungen gekommen war, verloren Matthes und seine Mitstreiter schnell jeden Rückhalt in der Bevölkerung, zumal sie keine Lösungen für die große Not und die Inflation hatten. In Wiesbaden wechselte die Hoheit der Verwaltung hin und her, in Limburg kam es zu Straßenkämpfen. Weit mehr als 100 Menschen starben.

Angesichts des seit Ende September schwelenden Konfliktes zwischen der Reichsregierung und Bayern war absehbar, dass im Falle einer

Eskalation die Reichswehr nur schwerlich in der Lage sein würde, zeitgleich in Mitteldeutschland und im Süden den Machtanspruch der Reichsregierung durchzusetzen. Man entschied sich daher, zunächst gegen die Kommunisten vorzugehen. Währenddessen spitzte sich die Lage in Bayern immer mehr zu.

Im Herbst 1923 ging in der bayerischen Politik nichts mehr ohne Hitler und seine NSDAP. Filseck berichtete aus München: »Zwischen den Mitgliedern der Regierung und Herrn von Kahr sollen bezüglich der Behandlung Hitlers Meinungsverschiedenheiten bestehen. Ein mir gut bekannter Beamter des Ministeriums des Innern bezeichnete mir das Verhältnis zwischen Kahr und Hitler als sehr gespannt. Wenn trotzdem Herr von Kahr gegen die National-Sozialisten nicht schärfer einschreite und die Partei auflöse, so habe er dazu seine ganz bestimmten Gründe. In Hitlers Partei befinde sich nämlich eine große Anzahl früherer Offiziere, auf die sich Herr von Kahr absolut verlassen könne. Mit ihnen bestehe vollständiges Einvernehmen, dadurch sei Hitler unschädlich gemacht.« Es sollte nicht das letzte Mal sein, dass man Hitler völlig unterschätzte.

Separatismus

Die Einheit des Reiches zu erhalten war nach dem Versailler Friedensvertrag und der Gründung der Republik eines der wenigen Ziele, auf die sich alle Parteien von ganz rechts bis ganz links einigen konnten. Im Jahr 1923 kam es aufgrund der großen Not und gefördert durch die französische Besatzungsmacht zu Bestrebungen im Rheinland und in der Pfalz, einen eigenen Staat zu gründen und zugleich aus dem föderal angelegten Reich auszuscheiden. Militante Separatisten gründeten im Oktober 1923 die »Rheinische Republik« und im November die autonome »Pfälzische Republik«. Da die Reichsregierung in der durch den Versailler Vertrag entmilitarisierten Zone die Reichswehr zur Aufrechterhaltung der Reichseinheit nicht einsetzen konnte, schlugen schließlich Bürgerwehren und Polizei, die dabei die Bevölkerungsmehrheit auf ihrer Seite wussten, die Separatisten zurück. Im Februar 1924 endeten die Bemühungen der Separatisten endgültig, nachdem auch Frankreich seine Unterstützung eingestellt hatte.

Hitler füllte inzwischen nicht nur die Berichte der Staatspolizei, sondern auch buchstäblich die Münchner Bierhallen. Tausende hörten ihm begeistert zu. Doch er hatte durch die ständige Agitation Erwartungen geweckt. Der Führer der Münchner SA, Wilhelm Brückner, ermahnte ihn: »Es kommt der Tag, da kann ich die Leute nicht mehr halten. Wenn jetzt nichts geschieht, dann petzen die Leute weg. Wir haben sehr viele Erwerbslose darunter, Leute, die ihr letztes Zehnerl in die Ausstattung taten, in der Erwartung, jetzt geht es bald los.«

Als die Reichsregierung den Ruhrkampf beendete, verhängte auch die bayerische Regierung den Ausnahmezustand. Man befürchtete angesichts der Entscheidung in Berlin Unruhen. Erneut machten Gerüchte von einem drohenden Putsch der Nationalsozialisten die Runde. Vierzehn Versammlungen der NSDAP wurden untersagt, die Hitler für den 27. September angemeldet hatte. Als er von dem Verbot hörte, tobte Hitler: »Vierzehn Versammlungen, wegen vierzehn Versammlungen geraten die Herrschaften schon in Aufregung! Was werden die erst sagen, wenn wir einmal die ersten vierzehnhundert, nein, die ersten vierzehntausend an die Laternenpfähle hängen!«

↗ **NSDAP-Versammlung im Bürgerbräukeller, um 1923. Die großen Münchner Bierlokale waren auch Orte politischer Kundgebungen. Der talentierte Redner Adolf Hitler nutzte dies für seine Zwecke.**

München 1923

Die Stadt, in die Hitler nach Kriegsende zurückgekehrt war, hatte keine äußerlichen Kriegsschäden erlitten, war jedoch tief getroffen. München verlor die Weltläufigkeit seiner Vorkriegsjahre. Immer weniger Künstler und Intellektuelle fühlten sich in der Isarmetropole heimisch. Der Schriftsteller Lion Feuchtwanger klagte: »Früher hatte die schöne, behagliche Stadt die besten Köpfe des Reichs angezogen. Wie kam es, dass an ihrer Stelle alles, was faul und schlecht war und sich anderswo nicht halten konnte, magisch angezogen nach München flüchtete?« In der Tat war die Stadt zu einem Sammelort des Revanchismus, Nationalismus und Provinzialismus geworden.

Der bayerische Innenminister Franz Xaver Schweyer (BVP) hatte schon 1921 vor der »nationalsozialistischen Gefahr« gewarnt. Man beobachtete den Aufstieg dieser neuen Partei sehr genau. Im Dezember 1922 erklärte das Ministerium in einer Stellungnahme: »Die Bewegung ist inhaltlich negativ und unklar und geht triebartig einer revolutionären Entladung entgegen.«

Diejenigen, die Hitler entschieden ablehnten, fanden jedoch nur wenig Gehör. Auch Ministerpräsident Hugo Graf von und zu Lerchenfeld (BVP) hatte in einem Brief an Ebert vor Hitler gewarnt: »Unter den Rechtsradikalen spielen die Nationalsozialisten die größte und gefährlichste Rolle. Man kann eigentlich nicht mehr von Rechtsradikalismus reden, da es sich um eine Art von Bolschewismus handelt, der Antisemitismus und Nationalismus huldigt.«

Anfang des Jahres 1923 war Hitler längst der unumstrittene Führer der NSDAP. Seine Gefolgschaft war ihm treu ergeben und wuchs stetig. Im Herbst zählte die NSDAP über 50 000 Mitglieder. In zahllosen Kundgebungen agitierte Hitler gegen die Regierung in Berlin, gegen die Juden wie gegen die »Novemberverbrecher« und provozierte gleich zu Jahresbeginn die bayerische Regierung. Nachdem man ihm zunächst die Durchführung von zahlreichen Versammlungen anlässlich des geplanten Parteitags Ende Januar untersagt hatte, konnten am Ende alle zwölf geplanten Massenkundgebungen stattfinden. Die erteilten Auflagen wurden entweder zurückgenommen oder von Hitler schlicht und einfach ignoriert. Die Fahnenweihe musste aufgrund des großen Andrangs sogar vom Circus Krone auf das Marsfeld verlegt werden. Den Abschluss bildete ein Marsch durch die Stadt, der von der Landespolizei eskortiert wurde. Die bayerische Regierung hatte versucht, Hitler die Stirn zu bieten, und war gescheitert.

Am 1. Mai gedachten die Nationalsozialisten diesen Erfolg zu wiederholen. Über 3000 teilweise bewaffnete Anhänger versammelte Hitler auf dem Oberwiesenfeld. Weitere Waffen wurden ausgegeben. Die Stimmung war aufgeheizt. Man hatte vor, die traditionelle Kundgebung der Arbeiterbewegung auf der Theresienwiese zu stören, die dort versammelten 20 000 unbewaffneten Arbeiter zu provozieren und am Ende mindestens einen propagandistischen Sieg davonzutragen. Doch diesmal griffen Landespolizei und Reichswehr ein. Sie drohten, von der Schusswaffe Gebrauch zu machen, sollten die »Hitlerleute« sich nicht fügen. Die Waffen wurden konfisziert, und die SA zog ab. Da half es auch nicht, dass man das Gerücht verbreitete, Polizei und Reichswehr hätten es nicht an persönlichen Sympathiebekundungen gegenüber den Männern des Kampfbundes mangeln lassen.

Neben eigenen Kundgebungen nutzen die Nationalsozialisten auch andere Feste und Veranstaltungen für ihre Propaganda. Als im Juli 1923 das Deutsche Turnfest in München stattfand, plante Hitler verschiedene Veranstaltungen und hetzte gegen die Teilnahme jüdischer und ausländischer Turner.

Hermann Esser, einer der Gefolgsleute Hitlers, erinnerte sich später, dass Hermann Göring als Führer der SA Hitler davon hatte abbringen müssen, die Konfrontation zu suchen. Angeblich habe Hitler getobt und geschrien: »Ich werde nicht kapitulieren! Wir geben nicht nach. Alles werden wir tun, aber wir werden nie kapitulieren!« Hitler war auch deshalb so wütend, weil seine SA-Leute aus Rosenheim und Landshut in der Nacht zuvor noch in den Kasernen der Reichswehr Obdach gefunden hatten. Nun fiel ihm die Reichswehr in den Rücken und unterband die ersehnte Konfrontation mit der Arbeiterbewegung.

Spätestens jetzt hatte Hitler erkannt, dass ohne die Unterstützung von Reichswehr und Polizei an eine Machtergreifung nicht zu denken war. Und obwohl der 1. Mai in der öffentlichen Wahrnehmung als Niederlage Hitlers gewertet wurde, setzten die Nationalsozialisten ihre Propaganda unvermindert fort. Anlässe wie die Gedenkfeier anlässlich der Hinrichtung des ehemaligen Freikorpskämpfers Albert Leo Schlageter durch die Franzosen im Juni oder das 13. Deutsche Turnfest in München Mitte Juli nutzten die Nationalsozialisten für ihre Zwecke. Dazu kamen stetig wiederkehrende Kundgebungen, Aufmärsche und Reden Hitlers vor einer begeisterten Anhängerschaft.

Der konservative Politiker Gustav Ritter von Kahr (1862–1934) war von März bis September 1921 bayerischer Ministerpräsident. Nach dem Ende der Ruhrbesetzung übernahm er das Amt des Generalstaatskommissars. Er erhielt diktatorische Vollmachten und agitierte offen gegen die Republik. Während des Hitlerputsches stellte er sich jedoch gegen Hitler. 1934 wurde er von der SS ermordet.

Anfang September gelang Hitler mit der Gründung des Deutschen Kampfbundes ein wichtiger Schritt auf dem Weg zur Vereinigung der Rechten unter seiner Führung. Ein weiteres Etappenziel war die für den 4. November in München geplante Grundsteinlegung eines großen Gefallenendenkmals. Vor dem Bayerischen Armeemuseum marschierten Reichswehr, Landespolizei und Wehrverbände auf. Der ehemalige bayerische Kronprinz Rupprecht und Generalleutnant Lossow nahmen die Parade ab. Kahr fehlte allerdings und Ludendorffs Auto hatte angeblich eine Panne. Schon vorher waren Gerüchte im Umlauf gewesen, der Anlass würde als Auftakt zu einem Putsch genutzt werden, weil auch die Truppen des Kampfbundes angetreten waren. Am Ende blieb es bei einer erneuten Machtdemonstration. Kriebel und Hitler nahmen nach dem offiziellen Ende des Festaktes vor dem Gebäude des Generalstaatskommissariats an der Maximilianstraße den Vorbeimarsch ihrer Truppen ab.

In den nächsten Tagen tauchten immer wieder »Gerüchte über einen beabsichtigten Umsturz durch Nationalsozialisten« auf, wie es in einem Bericht der Polizeidirektion München hieß. Die Polizei konnte allerdings keine konkreten Hinweise finden. Es fiel zudem schwer, die Aktivitäten des Kampfbundes einzuordnen, denn wie bei anderen Wehrverbänden unterstützte die Reichswehr die Übung und Ausbildung der SA sowie des Bundes Oberland. Offiziere wie Hauptmann Eduard Dietl fungierten dabei als Ausbilder, die Reichswehr stellte Waffen und Gerät, teilweise sogar Uniformen und Unterkünfte zur Verfügung.

Es gab immer wieder Gespräche in unterschiedlichen Konstellationen zwischen Hitler auf der einen und den Repräsentanten der Staatsmacht auf der anderen Seite. Hitler nutzte dabei geschickt die Sorgen seiner Gesprächspartner, drohte, zeigte sich dann wieder kooperativ und versprach mehrfach, in keinem Falle zu putschen. Aus seiner Verachtung gegenüber Kahr, Lossow, Oberst Hans Ritter von Seißer, den Chef der Bayerischen Landespolizei, machte Hitler keinen Hehl. Selbst über Ludendorff äußerte er sich teilweise auf eine herablassende Art und Weise, die diesem kaum verborgen geblieben sein dürfte. Wie wenig Hitler und die Seinen von Kahr hielten, wird in einem abfälligen Satz von Dietrich Eckart, einem der Ideengeber und Förderer Hitlers, deutlich: »Der Durchschnitt des nichtjüdischen Menschen heißt Kahr; man überlege sich dies.«

Hans Ritter von Seißer (1874 – 1973) war Chef der bayerischen Landespolizei. Er stand in engem Austausch mit Generalstaatskommissar Kahr und Generalleutnant Lossow, Chef der bayerischen Reichswehr. Seine Männer trugen maßgeblich zur Niederschlagung des Putsches bei.

Die Geringschätzung der genannten Männer hinderte Hitler allerdings nicht daran, sich ihnen anzudienen. Sein Ziel war es, ihr Vertrauen zu gewinnen. Nachdem Lossow Hitler sogar einen Gedankenaustausch mit Seeckt ermöglicht hatte, wusste er allerdings, dass er auf dessen Unterstützung nicht würde zählen können. Nachdem Hitler sich im Gespräch mit dem Chef der Heeresleitung in eine seiner üblichen Tiraden hineingesteigert hatte, verabschiedete ihn dieser kühl mit den Worten: »Von heute ab, Herr Hitler, haben wir uns nichts mehr zu sagen.«

Doch Hitler war nicht der Einzige in München, der mit Seeckt und den Verantwortlichen in Berlin aneinandergeriet. Nach dem Ende des Ruhrkampfes verhängten Reichspräsident Ebert und die neue Regierung von Reichskanzler Stresemann am 26. September den Ausnahmezustand über das Deutsche Reich. So wollte man den Unruhen in Thüringen, Sachsen und Bayern begegnen. Damit reagierte die Reichsregierung auf die bereits am Tag zuvor von der bayerischen Regierung erklärte Verhängung des Ausnahmezustands in Bayern. Kahr wurde zum Generalstaatskommissar ernannt, dem die vollziehende Gewalt übertragen wurde. Drei weitere Tage später setzte Bayern außerdem das Republikschutzgesetz außer Kraft. Es kam zum offenen Konflikt mit der Regierung in Berlin.

Auch Hitler reagierte. Die Ernennung Kahrs zum Generalstaatskommissar war mit ihm nicht abgesprochen gewesen. Mit seinen Getreuen beriet er sich in der Wohnung von Max Erwin von Scheubner-Richter, zu dieser Zeit eine Führungsfigur in der NSDAP. Man war sich schnell einig: Die Nationalsozialisten bei den aktuellen politischen Entscheidungen außen vor zu lassen, komme einer Kriegserklärung gleich. Der Schriftsteller Carl Christian Bry beschrieb das Verhältnis zwischen Kahr und Hitler zugespitzt mit den Worten: »Die beiden Diktatoriche stehen natürlich nicht gut miteinander.«

Inzwischen war nicht nur von einem möglichen Putsch Hitlers die Rede. Kahr, Lossow und Seißer hatten überdies ein Triumvirat gebildet. Auch sie wägten ab, ob von Bayern aus eine Veränderung der politischen Verhältnisse in Berlin erreicht werden könnte. In jedem Falle trachteten sie danach, die Regierung in Berlin in ihrem Sinne zum Han-

Außerhalb Münchens konnten die Putschisten kaum auf Unterstützung zählen. Lediglich im Norden Bayerns an der Grenze zu Thüringen und Sachsen standen geringe Kräfte bereit.

Wichtiger Protagonist bei allen Planspielen in Bayern: Generalleutnant Otto von Lossow (1863–1938) bildete mit Kahr und Seißer das Triumvirat. Lossow stand mit der Reichswehrführung in Konflikt, da er die ihm unterstellten Truppen einerseits auf Bayern verpflichtete, andererseits die Treue zum Reich betonte.

deln zu zwingen. Von Bayern aus sollten die nationalen Kräfte im Reich gebündelt werden. Auch wurde erwogen, die bayerische Grenze nach Thüringen militärisch zu sichern, solange dort Kommunisten an der Regierung beteiligt waren. Wichtig war es Kahr dabei vor allem, sich der Loyalität des bayerischen Teils der Reichswehr zu versichern. In der Tat führte die in Bayern beheimatete Division im Gegensatz zu den übrigen Divisionen der Reichswehr einen landsmannschaftlichen Zusatz im Namen und wurde als 7. (bayerische) Division bezeichnet. Lossow war zudem nicht nur Divisionskommandeur, sondern auch Landeskommandant, und in dieser Rolle nahm ihn Kahr in die Pflicht. Der General versicherte dem Generalstaatskommissar, dass die Reichswehr in Bayern »zuverlässig in der Hand ihrer Führer« sei. Alle Urlauber wurden aufgefordert, zu ihren Einheiten zurückzukehren. Bei all diesen Überlegungen spielte Hitler nur eine untergeordnete Rolle, und er wusste das.

Ein am 27. September im *Völkischen Beobachter* veröffentlichter hetzerischer Artikel über Stresemann und Seeckt sorgte dafür, dass der Konflikt zwischen Bayern und dem Reich vollends eskalierte: Der Reichswehrminister ordnete ein Verbot der Parteizeitung der NSDAP an. Da Kahr offenbar nicht gewillt war, das Verbot umzusetzen, befahl Geßler

Weiterhin im Druck: Nach antisemitischen Angriffen im *Völkischen Beobachter* auf Stresemann und Seeckt weigerte Kahr sich zunächst, das aus Berlin angeordnete Verbot der Parteizeitung der NSDAP durchzusetzen.

dessen Durchsetzung durch die Reichswehr. Lossow legte Kahr den entsprechenden Befehl vor, doch dieser untersagte erneut die Durchführung. Das meldete Lossow nach Berlin und blieb untätig. Seeckt sah die Grundlage der Armee, die Disziplin, erschüttert, enthob Lossow seines Kommandos und übertrug die Führung der Division an Kreß von Kressenstein. Die bayerische Regierung setzte daraufhin Lossow als Landeskommandanten wieder ein und beauftragte ihn mit der Führung des bayerischen Teils der Reichswehr.

Ein Verbot des *Völkischen Beobachters* erfolgte dennoch. Kahr nahm einen anderen Artikel, der ebenfalls gegen Auflagen verstoßen hatte, zum Anlass, das Erscheinen der Zeitung für zehn Tage zu untersagen. Damit war zwar dem Verlangen Berlins indirekt Genüge getan, geheilt werden konnte das tiefe Zerwürfnis zwischen Reichsregierung und Bayern auf diese Weise aber nicht. Die Nationalsozialisten verbreiteten unterdessen das Gerücht, Reichswehrkompanien seien nach dem Verbot mit Heilrufen an der Redaktion vorbeimarschiert. Hitler gedachte, sich den offensichtlichen Zwist zunutze zu machen.

Mitte Oktober bot sich Kahr die Möglichkeit, zu den Offizieren im Wehrkreiskommando zu sprechen. Dort machte Kahr kein Hehl aus seiner Ablehnung der Weimarer Verfassung, auf die die anwesenden Offiziere einen Eid abgelegt hatten. Der Streit zwischen Berlin und München sei, so Kahr, ein Streit zwischen »der internationalen marxistisch-jüdischen und der nationalen-deutschen Auffassung«. Die Weimarer Verfassung sei »nicht vom deutschen Geist getragen«. Nun gelte es, sich zu entscheiden.

Lossow saß zwischen den Stühlen. Dass er die Geschlossenheit der Reichswehr aufs Spiel gesetzt hatte, nahm ihm nicht nur Seeckt übel, sondern auch viele Offiziere in Bayern. Zwischenzeitlich war geplant, die bayerischen Truppenteile der Reichswehr auf die Regierung in München zu vereidigen. Innerhalb der Führung der Division stieß Lossow bei den Generalen Adolf Ritter von Ruith, Jakob Ritter von Danner und Kreß von Kressenstein auf offenen Widerspruch. Daher erfolgte am 22. Oktober lediglich eine »Verpflichtung«. Doch auch diese Maßnahme war keineswegs dazu angetan, den Streit beizulegen. Seeckt betonte: »Der Schritt der bayerischen Regierung ist ein gegen die Verfassung gerichteter Eingriff in die militärische Kommandogewalt. Wer dieser Anordnung der bayerischen Regierung entspricht, bricht seinen dem Reich

Militärische Übung unter Leitung von Gerhard Roßbach, Frühjahr 1923. Nach einer halbjährigen Haftstrafe ging der in rechten Kreisen populäre ehemalige Freikorpsführer im Oktober 1923 nach München, um Hitler zu unterstützen.

geleisteten Eid und macht sich des militärischen Ungehorsams schuldig. Ich fordere die 7. (bayerische) Division hierdurch feierlich auf, ihrem dem Reich geleisteten Eid treu zu bleiben und sich dem Befehl ihres höchsten Militärbefehlshabers bedingungslos zu fügen.«

Lossow verkündete daraufhin, dass niemand der Division an Treue zum Reich gleichkomme. Doch der Eindruck, der öffentlich entstanden war, wirkte nach. Generalstaatskommissar und Landeskommandant hatten sich mit Berlin völlig überworfen, ohne Bayerns politische Situation entscheidend zu verbessern. Lossows Tun und Reden widersprachen sich zudem.

Kahr, Lossow und Seißer waren überzeugt, dass ein Politikwechsel in Berlin notwendig sei. Sie sondierten die verschiedenen Möglichkeiten, Einfluss zu nehmen. Auch über einen Staatsstreich wurde immer wieder nachgedacht. Die dabei auf Seeckt ruhenden Hoffnungen wurden aber enttäuscht, da der General seinem Eid treu und Ebert gegenüber loyal blieb. Zwar gab es immer wieder unterschiedliche Gedankenspiele, in denen die drei Männer sowohl in Bayern als auch in Berlin über Wege zur Macht sinnierten, aber daraus wurden keine konkret umsetzbaren Pläne. Als am 3. November die SPD-Minister aus der Regierung ausschieden und diese die Reichsexekution gegen Sachsen und Thüringen verhängte, kamen dem Triumvirat von Kahr, Lossow und Seißer zudem maßgebliche Argumente für eine Aktion gegen Berlin abhanden. Inzwischen waren die Fronten aber so verhärtet, dass eine Beilegung des Streits zwischen Bayern und dem Reich kaum vorstellbar war.

Während sich die Konfrontation zwischen Reichsregierung und Bayern immer mehr zuspitzte, fand im Oktober ein in rechtsextremen Kreisen populärer Mann den Weg nach München. Der ehemalige Freikorpsführer Gerhard Roßbach war ein Anhänger Hitlers. Er sprach bei Generalstaatskommissar Kahr vor und gerierte sich als »politisch Verfolgter«. Roßbach gelang es mit seinem Charisma immer wieder, junge Männer für sich einzunehmen und zu begeistern. Dies wollte Hitler für sich nutzen. Roßbach wurde daher beauftragt, ihm die Tür zur Infanterieschule in München zu öffnen.

In einer Rede vor der SA am 26. Oktober erklärte Hitler, dass Bayern den Kampf gegen den Bolschewismus nicht unter einer »Schmollwinkelpartei« führen könne, griff also Kahr und die BVP erneut frontal an. Solche Aussagen befeuerten die ständig neuen Putschgerüchte erst recht. Beispielsweise verkündete ein SA-Führer am 6. November vollmundig, Hitler werde bald gemeinsam mit der Reichswehr losschlagen. Damit konfrontiert, erklärte Lossow in Anwesenheit der bayerischen Reichswehrkommandeure: »Meine Herren, glauben Sie mir, einen solchen Wahnsinn werde ich nicht mitmachen.« An anderer Stelle soll er aber auf die Frage, ob er bereit sei, gegen die Reichsregierung in Berlin vorzugehen, geantwortet haben: »Ich will ja marschieren, Herrgott, ich will ja marschieren, aber nur, wenn ich 51 Prozent Wahrscheinlichkeit habe.« Fest steht, dass sich Hitler sehr um Lossow bemühte und dieser wiederum in verschiedenen Situationen durchaus als Fürsprecher Hitlers gegenüber Kahr und anderen aufgetreten war.

In dem Ränkespiel zwischen Kahr, Lossow und Seißer einerseits sowie Ludendorff und Hitler andererseits versuchten die fünf Männer, ihre individuellen Interessen zu wahren oder durchzusetzen. Einig waren sie sich lediglich in ihrer Ablehnung der Berliner Regierung. Dabei ist nicht auszuschließen, dass sie einander in der Vielzahl von Besprechungen neben der bewussten Täuschung des Gegenübers auch schlicht missverstanden, weil jeder nur das hörte, was er hören wollte.

Eine konzertierte Aktion war schon aufgrund des tiefen Misstrauens und des Bestrebens, den anderen zu übervorteilen, weder wahrscheinlich noch aussichtsreich. Hinzu kam, dass, sieht man von der Ablehnung der Reichsregierung einmal ab, schlicht weder politische Schnittmengen noch gemeinsame Überzeugungen und Ziele zwischen dem Triumvirat und Hitler vorhanden waren. Während Kahr weiter überzeugter Anhänger der bayerischen Monarchie war und blieb, waren Lossow und Seißer nicht nur monarchistisch geprägt, sondern darüber hinaus nationalkonservativ in ihrem Denken. Hitler hatte in einer Rede den Unterschied zwischen den Nationalsozialisten und den Anhängern Kahrs deutlich benannt: »Euer Nationalismus ist im günstigsten Falle ein Mittel, die Vergangenheit noch einmal lebendig werden zu lassen. Und unser Nationalismus ist der blinde Glaube an die Notwendigkeit der Schaffung eines neuen Zustandes, da der alte versunken und vertan ist.«

In den vorangegangenen Monaten und Wochen hatte Hitler unzählige Gespräche geführt. Immer wieder waren neue Pläne geschmiedet und dann verworfen worden. Und er scheute nicht davor zurück, sein Wort zu geben, um es dann zu brechen. Nicht auszuschließen ist, dass Hitler es mit der Wahrheit auch gegenüber den eigenen Leuten nicht so genau nahm, sondern suggerierte, er habe Lossow und Seißer auf seiner Seite. Beide beklagten sich in der Tat, dass mit ihrem Namen »im Kampfbund Schindluder getrieben« werde. Tatsächlich hatte Hitler mit seinen aufpeitschenden Reden enorme Erwartungen bei seiner Anhängerschaft geweckt.

↗ **Der Stoßtrupp Hitler, der während des Putsches eine wichtige Rolle spielen sollte, war schon in den Monaten zuvor bei wichtigen Propagandaeinsätzen der Partei für Hitler im Einsatz gewesen. Das Bild zeigt Mitglieder des Stoßtrupps beim Deutschen Tag am 30. September 1923 in Bayreuth.**

Hitlers Griff nach der Macht

Schon 1923 ist die Geschichte Hitlers eine »Geschichte seiner Unterschätzung«. Nur wenige ahnten damals, was die eigentlichen Ziele der NSDAP waren, oder nahmen diese ernst. Dabei musste man Hitler und seinen Gefolgsleuten nur zuhören. Hitler war längst nicht mehr der Trommler der nationalen Sache, zu dem er sich selbst stilisiert hatte. Er war inzwischen der Führer der größten und stärksten völkischen, nationalistischen und antisemitischen Partei geworden. Sein Anspruch war nicht, mit der NSDAP ein Teil der völkischen Bewegung zu sein, sondern diese zu repräsentieren und zu führen. Und mit der SA verfügte er über eine bereits 1923 gefürchtete und gewaltbereite Truppe.

Die Putschisten und ihre Truppen

Hitler hatte eine treue Gefolgschaft um sich versammelt. Viele von ihnen machten in der Zeit des Nationalsozialismus Karriere. Mit Hans Frank, später im Zweiten Weltkrieg als Generalgouverneur im besetzten Polen für die Verfolgung der Juden und Verbrechen gegenüber der polnischen Bevölkerung verantwortlich, Hermann Göring, Rudolf Heß, Alfred Rosenberg und Julius Streicher nahmen fünf der in Nürnberg 1946 verurteilten Hauptkriegsverbrecher bereits 1923 am Putsch teil. Auch Heinrich Himmler war in München dabei, konnte sich aber später einer Verurteilung durch Selbstmord in britischer Gefangenschaft entziehen. Ernst Röhm und Gregor Strasser, der später in einem Machtkampf mit Joseph Goebbels unterlag, spielten ebenfalls eine wichtige Rolle, wurden aber 1934 auf Befehl Hitlers ermordet.

Kurz vor Beginn des Putsches hatte Hitler den fanatischen Antisemiten Streicher nach München beordert, ohne ihn allerdings vorher in seine Pläne einzuweihen. Dort wurde Streicher am Vormittag des 9. November als Propagandaredner eingesetzt. Auf dem Marienplatz sprach er zu einer Volksmenge und marschierte schließlich mit zur Feldherrn-

Das Bild zeigt Hitler in einem für diese Zeit typischen Outfit. Er trug in der Regel einen Trenchcoat und hatte meist eine Peitsche aus Nilpferdleder bei sich. Das Bild zeigt ihn gemeinsam mit Julius Streicher (1885–1946) während des Deutschen Tages Anfang September in Nürnberg.

halle. Bei der ab 1933 jährlich inszenierten Gedenkveranstaltung an den Putsch nahm Streicher eine Sonderrolle ein. »Für alle Zukunft« werde »immer der Gauleiter von Franken an der Spitze des Zuges marschieren«, entschied Hitler – bis Streicher wegen Korruption bei ihm in Ungnade fiel.

General Erich Ludendorff stand im Bürgerbräukeller neben Hitler. Er marschierte neben ihm bis zur Feldherrnhalle. Der Putsch wird vielfach auch als Hitler-Ludendorff-Putsch tituliert. Doch der General war nie ein Gefolgsmann Hitlers, er handelte stets auf eigene Rechnung. Auch sein Dünkel verhinderte, dass er von seinem Ruhm als Erster Generalquartiermeister an der Seite Hindenburgs profitieren konnte. Als er 1925 für die NSDAP für das Amt des Reichspräsidenten kandidierte, erhielt er nur 1,1 Prozent der Stimmen.

Von den Infanterieschülern, die Roßbach bereitwillig folgten, machte nur einer eine außergewöhnliche Karriere im Dritten Reich: Leutnant Robert Wagner. Nachdem er aus der Reichswehr entlassen worden war, schloss er sich schnell wieder den Nationalsozialisten an. Er wurde später Gauleiter in Baden und Reichsstatthalter. Bis zum Untergang blieb er Hitler treu ergeben und sann noch Ende 1944 darüber nach, wie man mithilfe der SA die Verteidigung des Gaus organisieren könne.

Wie stand es um die Kräfte, die Hitler zur Durchführung des Putsches zur Verfügung standen? Zahlenmäßig war der Deutsche Kampfbund zunächst den in der bayerischen Hauptstadt verfügbaren Kräften der Reichswehr überlegen, doch Landespolizei und Soldaten waren deutlich besser ausgebildet. Auch die Ausrüstung und Waffen des Kampfbundes waren meist schlecht und veraltet. Hinzu kamen Berichte über Disziplinlosigkeit.

Mit dem SA-Regiment München, dem Stoßtrupp Hitler, der SA aus Südbayern sowie dem Bund Oberland und dem Wehrverband Reichskriegsflagge standen Hitler und Ludendorff auf dem Papier rund 4000 Mann unmittelbar zur Verfügung. Das SA-Regiment zählte drei Bataillone, die insgesamt über 13 Kompanien sowie eine Wachkompanie und ein Reiterkorps verfügten. Das Waffenarsenal bestand aus einer geringen Zahl an Maschinengewehren und Infanteriegeschützen. Die 3000 Männer der SA fühlten sich stärker Hitler persönlich als dem Parteiprogramm der NSDAP verpflichtet. Das galt noch mehr für den Bund Reichskriegsflagge und den Bund Oberland. Die SA hatte Göring ab

März 1923 immer stärker zu einem paramilitärischen Verband umgebaut. Die Uniform der Männer bestand aus einer grauen Reiterhose, Windjacke, Skimütze und einer roten Hakenkreuzarmbinde. Zusätzlich war im Mai noch der Stoßtrupp Hitler, eine Art Leibgarde, aus der später die SS hervorgehen sollte, gebildet worden.

Der Landespolizei standen allein in München über 2000 Mann zur Verfügung, und die Reichswehr konnte ebenfalls 1000 Mann in der Landeshauptstadt mobilisieren. Spätestens nach einer landesweiten Alarmierung der bayerischen Reichswehrgarnisonen war der Vorteil der größeren Zahl verloren. Allerdings hatten die Putschisten zunächst das Überraschungsmoment auf ihrer Seite.

Die Putschvorbereitungen

Am Abend des 7. November saßen Hitler und Ludendorff mit Gefolge bei Hermann Kriebel in der Wohnung. Auch Göring war anwesend, sowie Scheubner-Richter und Friedrich Weber, der Führer im Bund Oberland. Für den folgenden Abend hatte Kahr zu einer Kundgebung in den Bürgerbräukeller eingeladen. Tags zuvor hatte Hitler den Generalstaatskommissar persönlich aufgefordert zu handeln. Dieser und Lossow hatten ihm erneut das Versprechen abgenommen, nicht zu putschen. Hitler trieb nun die Sorge um, dass man offensichtlich ohne ihn Schritte gegen die verhasste Regierung in Berlin plante. War die Rede Kahrs der Auftakt zu einer solchen Aktion? In jedem Falle hatten Kahr, Lossow und Seißer es offensichtlich nicht für notwendig befunden, Hitler einzubeziehen. Oder ging es Kahr nur darum, seinen Führungsanspruch im nationalen Lager mit einer Kundgebung zu untermauern und Druck auf Berlin auszuüben?

An diesem Abend beschloss Hitler endgültig, den Männern, die er bisher für sich zu gewinnen trachtete, seinen Willen aufzuzwingen. Er wusste aber auch, dass ein Putsch zum Scheitern verurteilt wäre, wenn es ihm nicht gelänge, die Reichswehr und die Polizei auf seine Seite zu ziehen. Lossow und Seißer mussten also mitmachen. In der Tat hatten Kahr, Lossow und Seißer nach den Ereignissen der letzten Tage Abstand von ihren ursprünglichen Plänen genommen. Sie wollten durch ihr Tun in Bayern die Verantwortlichen in Berlin zum Handeln zwingen. Hitler

Lehnten die Weimarer Republik ab: SA-Führer Hermann Göring (l., 1893–1946), Friedrich Weber (r., 1892–1955), Führer des Bund Oberland, und Weltkriegsveteran Erich Ludendorff (Mitte, 1865–1937) bei der Einweihung eines Denkmals für gefallene Mitglieder des Freikorps Oberland Ende September 1923 in Schliersee.

hatte hingegen seine eigene Anhängerschaft immer wieder angestachelt. Außerdem waren viele Männer nicht nur hungrig nach Taten, weil Hitlers Propaganda verfing. Viele hatten sich Hitler auch aus einer materiellen Notlage heraus verschrieben – und die wurde immer schlimmer.

Hitler handelte in diesen Stunden so, wie er es auch in den kommenden Jahren tun sollte: Niemand erfuhr von seinen vollständigen Absichten. Er setzte auf den Moment, auf den Willen, die unmittelbare Tat. Bewusst schuf er keine klaren Zuständigkeiten, sodass am Ende alles von ihm abhing. Und: Es gab weder einen durchdachten Plan noch eine Strategie. Das Ganze musste einfach gelingen. Nach diesem Muster sollte er später auch herrschen und Krieg führen.

Seine treuesten Anhänger und Mitarbeiter beklagten diese Eigenschaft Hitlers, doch alle an ihn gerichteten Appelle, die organisatorischen Mängel zu beseitigen, verhallten. Seine Zeit verwendete Hitler lieber darauf, sein »Netzwerk« auszubauen und sich dabei neue gesellschaftliche Kreise zu erschließen. Anbiedern wollte sich Hitler allerdings nicht. Er hielt sich für berufen, schließlich war er nicht mehr der »Trommler«, sondern längst der »Führer«. Dies führte zu einer gewissen Ambivalenz gegenüber den Autoritäten, besonders gegenüber den Offizieren der Reichswehr. Er verachtete vor allem die Generalstabsoffiziere, auch weil diese ihn größtenteils spürbar ablehnten. Gleichwohl hatte er Einfluss, man wünschte die Konfrontation mit ihm zu vermeiden. Hitler setzte darauf, dass Kahr, Lossow und Seißer gezwungen waren, ihn einzubinden.

Lossow hatte oft genug versucht, Hitler zur Mäßigung zu bewegen, aber auch zu vereinnahmen – so wie Hitler umgekehrt immer wieder um Lossows Gunst geworben hatte. Dies kann nicht darüber hinwegtäuschen, dass sich beide im Wesen fremd blieben. Zu unterschiedlich waren die Prägungen des politischen Hasardeurs und des traditionellen Offiziers. Anhand einer Auseinandersetzung zwischen Göring und Lossow wird dies deutlich. Als Göring im Auftrag Hitlers von Lossow Waffen forderte, um paramilitärische Verbände aufzustellen, verweigerte ihm dieser die Unterstützung. Wer denn die Führung dieser Verbände übernehmen solle, fragte der Generalstabsoffizier das Weltkriegsfliegerass Göring. Dieser antwortete: »Ich! Die paar Unterschriften am Tage werde ich wohl auch noch leisten können.« Lossow ließ ihn einfach stehen.

Nach dem Gerichtsurteil am 1. April 1924 posierten die wegen Hochverrat vor dem Volksgericht I in München angeklagten Putschisten für ein Gruppenfoto: (v. l. n. r.) Heinz Pernet, Friedrich Weber, Wilhelm Frick, Hermann Kriebel, Erich Ludendorff, Adolf Hitler, Wilhelm Brückner, Ernst Röhm, Robert Wagner.

Das Beispiel illustriert auch die Art und Weise, wie Hitler und seine Untergebenen sich auf einen möglichen Putsch vorbereiten. Sie handelten stets im Affekt. Es gab keine Führungsstruktur, keinen Stab, der befähigt gewesen wäre, die verschiedenen Aktionen zur koordinieren und auf eine neue Lage entsprechend zu reagieren. Alle Fäden liefen bei Hitler zusammen. Und der Plan Hitlers verdiente diese Bezeichnung kaum. Maßstäbe militärischen Handelns fehlten ihm völlig.

Alle Vorbereitungen blieben Stückwerk. Bevor man nach Berlin marschierte, galt es in Bayern die Macht zu übernehmen. Ziel war die Besetzung der wichtigsten bayerischen Städte, allen voran München und dann Regensburg, Augsburg, Ingolstadt, Nürnberg und Würzburg. Wie konzeptlos Hitler dabei vorging, ist auch daran zu ermessen, dass er Julius Streicher aus Nürnberg nach München befahl, ohne diesen einzuweihen – weshalb Streicher zu spät in München eintraf. Die Folge war außerdem, dass es in Nürnberg keinerlei Versuche gab, die Macht zu übernehmen. Bei einem Marsch nach Berlin wäre die Stadt aber eine wichtige Station gewesen. Der Grund für dieses Versäumnis waren nicht nur die geringen Kräfte der Putschisten, sondern wohl auch die Tatsache, dass Hitler im Moment der Entscheidung seine Gefolgsleute um sich wissen wollte.

Wie sah der Plan der Putschisten aus? In München sollten der Bahnhof, das Telegrafenamt, die Hauptpost, das Rathaus und das Polizeipräsidium sowie die Kasernen von Landespolizei und Reichswehr durch die Verbände des Kampfbundes besetzt werden. Dabei setzte man auf die Unterstützung durch Reichswehr und Landespolizei. Auch die Verhaftung politischer Gegner war geplant.

Göring hatte den Auftrag erhalten, die gesamte SA zu mobilisieren. Das war nicht ungewöhnlich, denn Alarmübungen fanden regelmäßig statt. Die meisten SA-Leute gingen deshalb davon aus, dass erneut eine der vielen Übungen anstand – längst nicht alle erschienen an den befohlenen Sammelpunkten. Von denen, die kamen, trugen nicht alle Uniform. Schriftliche Befehle wurden teilweise in versiegelten Umschlägen übermittelt, die erst am Abend des 8. November geöffnet werden durften. Nach der Alarmierung gelang es allerdings nicht, die Verbände von Bund Oberland, Reichskriegsflagge und SA vollumfänglich zu mobilisieren.

Am Morgen des 8. November begannen die letzten Vorbereitungen.

Hitler selbst übernahm die entscheidenden Botengänge. Der Meldegänger des Ersten Weltkriegs war diesmal in eigener Sache unterwegs. In dem für ihn typischen Aufzug, mit einem zerknitterten Trenchcoat, Gürtel und einer Reitpeitsche aus Nilpferdleder, erschien er zunächst in der Redaktion des *Völkischen Beobachters* und erteilte Befehle. Es galt sicherzustellen, dass die Verlautbarungen der Putschisten unmittelbar nach Verkündung der »nationalen Revolution« gedruckt und dann mit Plakaten in der Stadt kundgetan würden.

Dann suchte Hitler den krank im Bett liegenden Propagandaleiter der NSDAP, Hermann Esser, in dessen Wohnung auf. Röhm hatte für den Abend den Löwenbräukeller gemietet, um dort eine Kundgebung der Reichskriegsflagge durchzuführen und seine Männer zu versammeln. Hitler befahl Esser, dort zu sprechen, bis das Signal zum Losschlagen eintraf. Dieser sagte trotz seiner Gelbsuchterkrankung zu. Auch mit Scheubner-Richter, der Ludendorff abholen sollte, Dietl und Roßbach besprach sich Hitler noch einmal.

Dass die Idee eines Putsches keine völlig spontane Aktion war, sondern Hitler sich schon länger mit dem Gedanken eines Staatsstreichs beschäftigte, verdeutlicht ein Verfassungsentwurf der Putschisten. Ein entsprechendes Dokument, das man in der Tasche des an der Feldherrnhalle im Kugelhagel gestorbenen Oberstlandesgerichtsrats Theodor von der Pfordten später fand, offenbart die Vorstellungen Hitlers. Das Dokument ging in seiner Radikalität weit über das Parteiprogramm der NSDAP hinaus. So sah der Artikel 16 dieser für Hitler entworfenen »Notverfassung« die Schaffung von Sammellagern für »unnütze Esser und sicherheitsgefährliche Personen« vor. Die Idee der nationalsozialistischen Konzentrationslager entstand also nicht erst im Zuge der »Machtergreifung« 1933. Das Dokument ist zudem ein Hinweis darauf, dass Hitler vor allem politisch dachte und agierte, sich jedoch wenig mit den militärischen Notwendigkeiten einer gewaltsamen Aktion auseinandersetzte.

Wer sich in den Wochen und Monaten zuvor nicht von der Atmosphäre der Kundgebungen hatte hinreißen lassen, sondern zuhörte oder gar las, was im *Völkischen Beobachter* stand, der merkte sehr wohl, was die politischen Ziele der Nationalsozialisten waren. Hitler sprach sie offen aus: die nationale Revolution, der Aufbau einer neuen Gesellschaft basierend auf einem rassistischen Weltbild und einem gewaltbereiten Antisemitismus, in dem folglich Gewalt und Krieg als Naturzustand begriffen wurden. Und nicht nur Hitler redete so. Esser sprach während des Ruhrkampfes von 500 000 jüdischen Geiseln, die exekutiert werden würden, wenn ein Feind die Grenze überschreiten sollte. Gemeint waren damit alle deutschen Bürgerinnen und Bürger jüdischen Glaubens.

Doch nur wenige hörten aufmerksam zu. Und wieder andere machten sich über die Nationalsozialisten lustig. Carl Christian Bry beschrieb später eine Szene in einem Münchner Geschäft, die sich unmittelbar nach den ersten Meldungen über den Putsch abgespielt habe: »Ein junger jüdischer Gehilfe, also einer der von Hitler unmittelbar Bedrohten, treibt den Scherz so weit, für den Nachmittag um Urlaub zu bitten: er müsse sich doch noch Kochgeschirr und Proviant für das Konzentrationslager kaufen, das Hitler und seine Leute seit langem allen ›jüdischen Blutsaugern‹ verheißen haben.«

Der Hitlerputsch beginnt

Für den Abend des 8. November hatte die Polizei Generalstaatskommissar Kahr Saalschutz für die geplante Kundgebung im Bürgerbräukeller angeboten. Doch Kahr schlug alle Warnungen in den Wind. So kam es, dass an diesem Abend zunächst nur wenige Soldaten in den Kasernen in Bereitschaft waren; die meisten Offiziere weilten auf Veranstaltungen oder zuhause. Der Bereitschaftsgrad der Landespolizei war höher, doch auf die kommenden Ereignisse waren die staatlichen Sicherheitsorgane insgesamt nicht adäquat vorbereitet. Das war ein folgenschwerer Fehler. Nicht der erste, aber auch nicht der letzte an diesem Abend.

Der Bürgerbräukeller war bereits um 19 Uhr überfüllt. Auf der Galerie und im Saal drängten sich die Menschen. Bierdunst, schlechte Luft und Enge empfingen diejenigen, die noch einen Platz zu ergattern versuchten. Die Landesregierung war fast vollständig anwesend, aber auch zahlreiche Würdenträger der Stadt. Hitler war aufgewühlt und zornig, denn Kahr hatte es nicht für nötig befunden, ihn in die Vorbereitung einzubeziehen. Als Generalstaatskommissar nahm Kahr für sich in Anspruch, die Fäden der bayerischen Politik fest in der Hand zu halten. Er träumte von der bayerischen Monarchie und lebte im Gestern. Daraus resultierte die spürbare Distanz zwischen ihm und Hitler, die für Verunsicherung und Unmut im Lager Hitlers sorgte.

Für den 8. November hatte Kahr vornehmlich einflussreiche Münchner Bürger in den Bürgerbräukeller eingeladen. Man erwartete, dass der Generalstaatskommissar zur aktuellen Lage sprechen würde. Hitler befürchtete, dass ohne ihn zur Aktion gegen die Berliner Regierung aufgerufen werden sollte.

Auch vor dem Bürgerbräukeller sammelte sich eine große Menschenmenge. Die Polizei sorgte schließlich dafür, dass die Massen sich verliefen, der Platz vor dem Bürgerbräukeller weitgehend geräumt wurde und die Straßenbahnen und der Verkehr wieder fahren konnten. Dann zogen die Polizisten ab. Kaum waren sie verschwunden, rollten aus der anderen Richtung Lastkraftwagen mit aufgesessenen SA-Trupps heran. Schließlich sprangen mit Stahlhelm bewehrte und bewaffnete Sturmmänner vom Wagen, umstellten den Bürgerbräukeller und drangen in das Gebäude ein. Der erste Akt hatte begonnen.

Küche, Garten und andere Bereiche wurden gesichert. In der Garderobe deponierte man ein Maschinengewehr als Reserve, ein weiteres wurde an der mittleren Saaltür mit der Mündung gegen das Saalinnere aufgebaut. Gut 400 SA-Männer und Oberländer hatten den Bürgerbräukeller unter Kontrolle. Der Stoßtrupp Hitler war ebenfalls aufmarschiert und hatte das Gebäude abgeriegelt. Die anwesenden Polizisten leisteten keine Gegenwehr oder hatten das Weite gesucht. Nun konnte es losgehen.

Doch schon der Beginn des Putsches lief nicht wie geplant. Hitler hatte sich vorgenommen, den Saal im Sturm zu nehmen. Nun aber brauchte er fünf Minuten von der Tür bis zur Bühne, denn es war brechend voll. Es kam zum Tumult. Die im Saal anwesenden SA-Männer holten Hakenkreuzarmbinden hervor und legten sie an. Sie waren bewaffnet. Kahr musste seine Rede unterbrechen. Als es Hitler auch nach dem Betreten der Bühne nicht gelang, die Aufmerksamkeit vollends auf sich zu ziehen, schoss er mit seiner Pistole in die Decke und rief: »Die nationale Revolution ist ausgebrochen. Der Saal ist von 600 Schwerbewaffneten besetzt. Ein Verlassen des Saales ist unmöglich. Wenn nicht sofort Ruhe eintritt, kommt ein Maschinengewehr auf die Galerie. Die bayerische Regierung ist abgesetzt, eine provisorische Reichsregierung wird gebildet.« Und weiter: »Die Kasernen der Reichswehr und der Landespolizei sind besetzt, Reichswehr und Landespolizei rücken bereits unter Hakenkreuzfahnen heran. Ich schlage daher vor: Bis zum Ende der Abrechnung mit den Verbrechern, die heute Deutschland tief zugrunde richten, übernehme die Leitung der Politik der provisorischen Nationalregierung ich.« Es gab Zustimmung, aber auch Spottrufe aus dem Saal.

Kahr und auch Lossow und Seißer waren überrumpelt. Hitler bugsierte die drei in ein Nebenzimmer. Über den Verlauf des nun folgenden Gesprächs ist viel geschrieben worden. Angeblich raunte Lossow den anderen beiden Männern »Komödie spielen« zu. Auch Hitlers Verhalten wird

Hermann Esser (1900–1981) gehörte zu den frühesten und treuesten Gefolgsleuten Hitlers. Er war der erste Propagandaleiter der NSDAP und prägte als Redakteur maßgeblich die antisemtische und völkische Berichterstattung des *Völkischen Beobachters*, der Parteizeitung der NSDAP.

unterschiedlich erzählt. Theatralisch flehend und mit der Pistole gestikulierend, die er im Zweifel auch gegen sich selbst richten werde, versuchte er, sie auf seine Seite zu ziehen. Dabei schreckte er vor Drohungen nicht zurück: »Wenn die Sache schiefgeht, habe ich vier Schüsse in der Pistole, drei für meine Mitarbeiter, wenn sie mich verlassen, die letzte für mich. Wenn ich nicht bis morgen Nachmittag Sieger bin, bin ich ein toter Mann.« Doch seine Worte verfingen nicht. Schließlich bat und flehte er. Den Vorwurf Seißers, er habe sein Wort gebrochen, entkräftete er mit einem Verweis auf die besondere Situation. Dann traf Ludendorff ein, der sich überrascht gab, aber Kahr, Lossow und Seißer unmittelbar aufforderte, mitzumachen. Schließlich gaben die drei Männer nach.

Kurz nach 21.30 Uhr trat Hitler mit Kahr, Lossow und Seißer sowie Ludendorff im Gefolge erneut vor die Menschenmenge, die von Göring mehr schlecht als Recht bei Laune gehalten worden war. Hitler trommelte längst nicht mehr nur für die nationale Sache. Er agierte in eigener Sache und wies in seiner Rede den anderen Männern großzügig Rollen in der künftigen Staatsführung zu: Für Seißer erfand er kurzerhand den Posten eines Reichspolizeiministers, den es bis dato gar nicht gab. Ludendorff sollte Chef der Armee und Lossow Reichswehrminister werden sowie Kahr Statthalter in Bayern. Hitler suggerierte ihm damit, die Wiedererstehung der bayerischen Monarchie sei möglich. Und die Führung der nationalen Regierung übernehme er, Hitler, selbst, ließ er die Menge wissen, die daraufhin in Jubel ausbrach. Kahr, Seißer und Lossow machten auf der Bühne gute Miene zum bösen Spiel. Sie wurden zu Statisten Hitlers degradiert, daran änderte auch dessen pathetische Rhetorik nichts. Doch diesmal traf er auf Gegner, »die auf Wortbruch mit Wortbruch antworteten und das Spiel gewannen«, wie es der zeitgenössische deutsch-amerikanische Journalist Konrad Heiden ausdrückte.

Währenddessen hatte Röhm im Löwenbräukeller die Männer der Reichskriegsflagge versammelt. Auch SA-Leute und einige Oberländer waren anwesend. Vor ihnen sprach Hermann Esser, obwohl er Fieber hatte. Während seiner Rede kam ein Telefonanruf aus dem Bürgerbräukeller. Die Meldung »Glücklich entbunden« war das Zeichen zum Losschlagen. Röhm erinnerte sich später: »Die Bekanntgabe löste unendlichen Jubel aus. Die Menschen sprangen von den Stühlen auf und umarmten sich, viele weinten vor Freude und Rührung. Die Soldaten der Reichswehr rissen ihre gelben Kokarden mit dem in schwarz und rot gefassten Reichsadler von den Mützen. Die allgemeine Begeisterung war so laut, dass die Musik kaum mehr durch den Saal dringen konnte. [...] Mit Mühe vermochte ich mir Gehör zu verschaffen und die Befehle für den Abmarsch der Kampftruppen zu geben.«

Was war als nächstes zu tun? Reichskriegsflagge, Bund Oberland und die SA mussten bewaffnet werden. An verschiedenen Orten in der Stadt gab es illegale Waffenlager. Röhm kannte die Standorte. Das II. Bataillon des SA-Regiments und andere Einheiten des Kampfbundes übernahmen die Gewehre samt der Munition, die im Franziskanerkloster am St.-Anna-Platz und im Keller des Studentenhauses des Corps Palatia deponiert waren. Danach besetzte die SA die Wittelsbacher Brücke in Giesing und hielt dort die Nacht über die Stellung. Auch die Oberländer, die Männer der Reichskriegsflagge und andere SA-Verbände bedienten sich in den illegalen Waffenlagern der Stadt.

Röhm hatte sich aufgemacht, um das Wehrkreiskommando VII an der Ludwigstraße zu besetzen. Auf dem Weg dorthin marschierte seine Reichskriegsflagge an Polizisten vorbei, die rechtzeitig oder heimlich den Bürgerbräukeller hatten verlassen können und nun auf die nächste Straßenbahn warteten, um ins Polizeipräsidium zurückzufahren und Bericht zu erstatten. Ein anderes Verkehrsmittel stand ihnen nicht zur Verfügung. Der erste Schritt glückte: Um 22 Uhr besetzten die Männer der Reichskriegsflagge das Wehrkreiskommando, machten aber den Fehler, erst 90 Minuten später auch die Kontrolle über die Telefonzentrale zu übernehmen. So konnten erste Informationen aus dem Wehrkreiskommando heraus weitergegeben werden. Die Reichswehr war also alarmiert und wusste über die Aktion Röhms Bescheid. Zu verdanken war das Hauptmann Wilhelm Daser, Offizier vom Dienst, der kurz überlegt hatte, sich den Männern Röhms entgegenzustellen. Die Landespolizei hatte ihn gewarnt, also entschied er sich, zunächst abzuwarten.

Daser konnte beobachten, wie Hitler und Ludendorff im Wehrkreiskommando erschienen. Im Geschäftszimmer Lossows wartete Hitler gemeinsam mit Ludendorff auf das Eintreffen des Generals, der aber in der Stadtkommandantur am Hofgarten längst darüber beratschlagte, mit welchen Gegenmaßnahmen man den Putsch niederschlagen könne. Daser informierte andere Dienststellen der Reichswehr über das Geschehen. Major Max Schwandner, der auf der Suche nach General Kreß von Kressenstein im Wehrkreiskommando eintraf, erinnerte sich

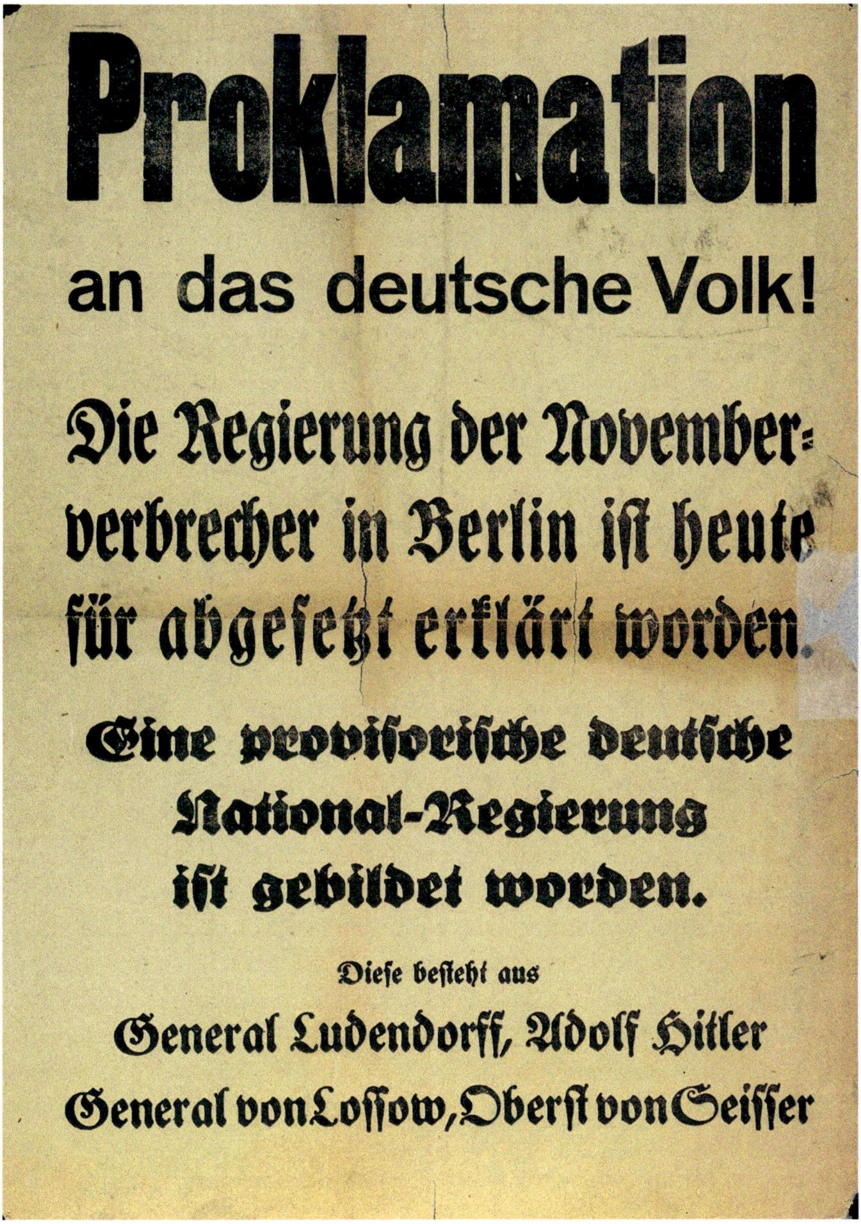

Plakate informierten die Münchner Bevölkerung über den Putsch. Als sie in der Innenstadt angeschlagen wurden, hatten Seißer und Lossow sich längst von Hitler abgewandt. Die Gegenaktionen von Landespolizei und Reichswehr waren bereits angelaufen.

später: »Als ich dann zu Hauptmann Daser ging, der ständig den Telefonhörer am Ohr hatte, winkte er mir und sagte leise, die Sache sei faul, von Lossow sei mit Kahr und Seißer, General von Kreß und von Ruith in der Infanteriekaserne und würde bestimmt nicht hereinkommen.«

Als sich die Nachricht vom Putsch langsam verbreitete, waren die Infanterieschüler am Bürgerbräukeller angekommen. Roßbach ließ sie antreten, und Ludendorff schritt militärisch grüßend die Front ab. Er trug Zivil und musste aufgrund des stürmischen Wetters mit der anderen Hand seinen Hut festhalten. Auch Hitler war zu diesem Zeitpunkt noch vor Ort und begrüßte sie kurz, bevor er sich auf den Weg in die Pionierkaserne machte. Dann gingen die jungen Soldaten ins Gebäude, um sich aufzuwärmen. Erich Helmdach gehörte zur »Sturmkolonne Ludendorff«, wie man die Infanterieschüler nun nannte. Er erinnerte sich später: »Von den politischen Vorgängen des Abends hatten wir keine Ahnung. Es war nur eine eigenartige Atmosphäre in dem Saal festzustellen. Man konnte hin und her gehen und sah auf den vollbesetzten Galerien Leute vom Korps Oberland. Mit Verwunderung wurde bemerkt, dass dort Ladeübungen offensichtlich mit scharfer Munition gemacht wurden – in der so verpönten Gewehrhaltung mit der Mündung nach unten. Was wollte man bei einem solchen Ausbildungsstand militärisch erwarten.«

Währenddessen versuchten SA und Oberland es der Reichskriegsflagge gleichzutun und wichtige Punkte in der Stadt zu besetzen. So hatte das I. Bataillon des SA-Regiments München den Befehl erhalten, die Infanteriekaserne am Oberwiesenfeld unter Kontrolle zu bringen. Im Laufe des Abends versammelten sich dort gut 250 Männer der SA und auch einige Oberländer. Oberfähnrich Karl Böhm, der in der Exerzierhalle der Kaserne bereits 150 Mann des Hermannsbundes, eines weiteren Wehrverbandes, ausbildete, wunderte sich und verständigte seine Vorgesetzten.

Als vor dem Kasernentor ein Lastwagen mit Waffen hielt, wollten die Männer des Kampfbundes diese an sich nehmen. Böhms Kompaniechef Eduard Dietl hatte noch am Nachmittag im persönlichen Gespräch von Hitler den Auftrag erhalten, den Putschisten nach der Bewaffnung Zugang zur Kaserne zu verschaffen. Doch gerade als er sich anschickte, das Tor zu öffnen, erschien der Bataillonskommandeur Oberst Hugo von Wenz zu Niederlahnstein. Er schritt sofort ein und befahl Böhm, unter Hinzuziehung von Mannschaften das Entladen des

Stoppte die SA vor der Infanteriekaserne am Oberwiesenfeld: Oberst Hugo von Wenz zu Niederlahnstein (1875–1939)

LKW zu unterbinden, den LKW dann in die Kaserne zu fahren und dort zu verwahren. Auch Dietl fügte sich notgedrungen den Befehlen seines Vorgesetzten. Die erste Niederlage der Putschisten war damit besiegelt. Die SA-Leute rückten ab.

Kurze Zeit später widerfuhr den Oberländern in der Pionierkaserne ganz in der Nähe Ähnliches. Erneut scheiterten die Putschisten daran, eine Kaserne in ihre Gewalt zu bekommen. Insgesamt 400 Mann waren dort angetreten und warteten. Sie forderten von der Reichswehr die Herausgabe von Waffen, um zu einer angeblich geplanten Nachtübung auf dem Oberwiesenfeld auszurücken. In Wahrheit sollten sie jedoch den Hauptbahnhof, das Telegrafenamt und das Postamt in ihre Gewalt bringen. Nach einer Diskussion erhielten die Männer zwar gut 80 Gewehre ausgehändigt, allerdings unter der Auflage, damit die Kaserne nicht zu verlassen. Auch Munition wurde ihnen verweigert.

Hauptmann Oskar Cantzler kam die Sache merkwürdig vor. Er ließ die Männer in der Exerzierhalle mit ihren Übungen beginnen. Parallel gab er den Befehl, die Halle zu verschließen und mit zwei Maschinengewehren den Eingang zu sichern. Zahlenmäßig waren die Oberländer den wenigen Reichswehrsoldaten eindeutig überlegen, aber der Entschlossenheit des Hauptmanns hatten sie anscheinend nichts entgegenzusetzen. Zwischenzeitlich erschien Hitler am Kasernentor, wurde aber abgewiesen. Unverrichteter Dinge machte er sich auf den Rückweg in den Bürgerbräukeller. Als man sich schließlich über das weitere Vorgehen einig war, durften die Oberländer unbewaffnet die Exerzierhalle und die Kaserne verlassen. Zwar konnten sie sich in zwei illegalen Waffenlagern in der Innenstadt doch noch ausstatten, doch inzwischen war wertvolle Zeit vergangen: Die Oberländer marschierten zurück zum Bürgerbräukeller.

Der Versuch Hitlers, in der Pionierkaserne persönlich zu intervenieren, sollte sich als folgenschwerer Fehler erweisen. Das Kommando im Bürgerbräukeller hatte er während seiner Abwesenheit Ludendorff übertragen. Seißer, Kahr und Lossow konnten nun mit dessen Erlaubnis unbehelligt den Bürgerbräukeller verlassen. Zwar versuchte Scheubner-Richter noch, bei Ludendorff zu intervenieren, doch es war zu spät. Auch Esser und Ernst Hanfstaengl, ein Geschäftsmann, Kunsthändler deutsch-amerikanischer Abstammung und vor allem enger Vertrauter Hitlers, reagierten entsetzt. Ihnen war klar, dass man angesichts des erzwungenen Mitwirkens der drei Männer nun nicht mehr damit rechnen konnte, dass sie ihre Zusagen einhalten würden. Und sie lagen richtig. Nachdem Kahr, Lossow und Seißer ihre Handlungsfreiheit schneller als erwartet wiedererlangt hatten, ging jeder seiner Wege. Sie waren sich einig nicht mitzumachen. Aber da sie öffentlich ihr Wort gegeben hatten, trachtete nun jeder danach, zunächst die eigene Position abzusichern.

Von einem gemeinsamen und koordinierten Vorgehen Kahrs, Lossows und Seißers gegen die Putschisten konnte zunächst nicht die Rede sein. Während die Reichswehr ihre Kasernen sicherte, waren die übrigen öffentlichen Gebäude durch die Landespolizei besetzt worden. Dass die Polizei ihr Präsidium in der Ettstraße bewachte und die Landespolizisten nicht bereit waren, diese Aufgabe dem Bund Oberland zu überlassen, mag kaum verwundern. Aber auch das Generalstaatskommissariat sowie das Post- und Telegrafenamt und der Hauptbahnhof befanden sich in der Hand der Landespolizei. Allerorten mussten SA und Bund Oberland wieder abrücken, denn zum Konflikt mit der Polizei wollte man es nicht kommen lassen. Teilweise marschierten die Männer des Kampfbundes nun mehr oder weniger ziellos durch die Stadt.

Im Polizeipräsidium war die Lage unklar. Dort saß der Leiter des Sicherheitsdienstes der Kriminalpolizei München, Oberamtmann Wilhelm Frick, der in die Putschpläne eingeweiht war und nun sicherstellen sollte, dass die Landespolizei die von Seißer gemachte Zusage, den Putsch zu unterstützen, auch einhielt. In den Reihen der Landespolizei gab es zahlreiche Sympathisanten Hitlers und sogar NSDAP-Mitglieder, denn im Gegensatz zur Reichswehr war es den Beamten nicht verboten, einer Partei beizutreten.

Inzwischen trafen die ersten Meldungen über die Vorgänge im Bürgerbräukeller ein. Das Misstrauen von Polizeimajor Sigmund Freiherr von Imhoff wuchs, als Frick immer wieder abwiegelte und eine Alarmierung ablehnte. So wie Oberfähnrich Böhm in der Infanteriekaserne und Hauptmann Cantzler bei den Pionieren entschied der Major schließlich, eigenverantwortlich zu handeln. Imhoff versetzte die Landespolizei in Alarmbereitschaft. Die Männer rückten aus und besetzten den Hauptbahnhof, das Telegrafenamt und die Hauptpost. Schließlich erging der Befehl, Frick zu verhaften. Dieser ließ sich widerstandslos

Nach dem Scheitern der militärischen Aktion versuchten die Putschisten, die Bevölkerung zu mobilisieren. Julius Streicher hielt an verschiedenen Stellen in der Münchner Innenstadt hetzerische Reden. Das Bild zeigt ihn am Vormittag des 9. Novembers auf dem Marienplatz.

festnehmen. Doch seine Loyalität gegenüber Hitler sollte später belohnt werden: 1930 war Frick der erste NSDAP-Minister in einer Landesregierung, ab 1933 schließlich Reichsminister des Innern.

Nachdem die Idee, das Polizeipräsidium von innen zu besetzen, gescheitert war, unternahmen die Putschisten am nächsten Morgen noch einen weiteren Versuch, diese wichtige Schaltstelle in ihre Gewalt zu bekommen. Doch ihre Drohgebärden zeigten keine Wirkung. Die Landespolizei hatte das Gebäude inzwischen entsprechend gesichert. Der Stoßtrupp Hitler zog enttäuscht wieder ab.

Vor dem Generalstaatskommissariat in der Maximilianstraße standen sich ebenfalls Oberländer und Landespolizisten gegenüber, und auch dort hielt die Landespolizei die Stellung, obwohl den handelnden Männern noch gar nicht klar war, dass sie nicht auf derselben Seite standen. Hauptmann Karl Wild war zunächst überrascht, als der Bund Oberland vor dem Gebäude aufmarschierte und für sich reklamierte, die Ehrenwache für Kahr zu stellen. Man wolle auch die Sicherung des Generalstaatskommissariats übernehmen, die Polizei solle abrücken, so die Forderung. Wild erreichte seine Vorgesetzten nicht und handelte schließlich eigenverantwortlich: Er befahl, den Gebäudekomplex zu sichern und im Zweifel von der Schusswaffe Gebrauch zu machen. Wieder war die Besetzung eines Gebäudes durch die Putschisten gescheitert. Wieder hatten Offiziere eigenständig und intuitiv das Richtige getan.

Spätestens als klar geworden war, dass die Reichswehr loyal gegenüber Staat und Eid bleiben würde, stellten sich auch Kahr und Seißer für ihre Beamten erkennbar gegen Hitler. Kahr befahl die Verhaftung aller Putschisten und die Durchführung von Grenzkontrollen. Den Putschisten gelang es hingegen nicht, die Anfangseuphorie und das Überraschungsmoment zu nutzen. Und als es zur Konfrontation kam, schreckten Hitler und seine Gefolgsleute vor einer gewalttätigen Auseinandersetzung mit Polizei und Reichswehr zurück.

Die Putschisten agieren planlos

Wie wurde die Nachricht vom Putsch in der Reichshauptstadt aufgenommen? Gegen Mitternacht kam das Kabinett mit Reichskanzler Stresemann und Reichspräsident Ebert zu einer außerordentlichen Sitzung zusammen, die bis 2 Uhr früh dauerte. Ebert übertrug nun Seeckt die vollziehende Gewalt. Man veröffentlichte eine Proklamation: »In der Schicksalsstunde des deutschen Volkes und Reiches fordern wir alle Freunde des Vaterlandes auf, sich einzusetzen für die Bewahrung der Reichseinheit, deutscher Ordnung und deutscher Freiheit. Alle Maßnahmen für die Niederkämpfung des Putsches sind getroffen und werden mit rücksichtsloser Energie durchgeführt.« Seeckt alarmierte dann die Reichswehr. Als aus München wenig später die Nachricht eintraf, dass Lossow, Seißer und Kahr nicht mit Hitler gemeinsame Sache machten, begab sich der General zu Bett. Vorerst gebe es nichts mehr zu tun, ließ er wissen.

Außerhalb Münchens gelang es den Anhängern Hitlers nirgends, eine nennenswerte Aktion ins Werk zu setzen. Die zaghaften Versuche, die es gab, blieben zudem auf Bayern beschränkt. Dabei konnten die Putschisten sich nicht einmal der eigenen Männer sicher sein. So kehrten der Bund Oberland aus Mühldorf um, als man hörte, dass Kahr sich von Hitler abgewandt hatte. In Bayreuth wurden die führenden Nationalsozialisten sofort festgesetzt. In Nürnberg fanden keinerlei Aktionen statt, da Streicher auf dem Weg nach München war. In Unterfranken waren ebenfalls keine Aktivitäten zu verzeichnen. Karl Wahl, 1923 Führer der Augsburger SA und nach 1933 Gauleiter der NSDAP in Schwaben, erinnerte sich später, dass seine SA am Abend des 8. November von Göring alarmiert worden war. Die für den nächsten Morgen geplante Fahrt der Augsburger Sturmabteilung nach München wurde aber von der Reichswehr unterbunden. Lediglich Strasser in Landshut gelang es, seine SA nach München in Marsch zu setzen.

Hitler hatte versucht, seine Kräfte in München zu konzentrieren. Alle übrigen Aktivitäten blieben Stückwerk und waren wenig durchdacht. Die Konzentration der Truppen des Kampfbundes in München war richtig, aber selbst, wenn es Hitler gelungen wäre, in München die Kontrolle zu erlangen, hätte er nicht einmal mit einem vollständig mobilisierten Kampfbund der Reichswehr und Polizei zahlenmäßig etwas entgegenzusetzen gehabt. Das Mitwirken von Seißer und Lossow war also eine Grundvoraussetzung für das Gelingen des Unternehmens.

Ein Anfangserfolg der Putschisten war im Bereich des Möglichen. Allerdings hatte die Reichsregierung in Thüringen und Sachsen gerade mit harter Hand durchgegriffen, sodass im weiteren Verlauf Verhandlungen wenig wahrscheinlich waren. Und die Voraussetzungen für einen dauerhaften Erfolg waren denkbar schlecht: Die Aktionen der Putschisten waren zu unkoordiniert. Ein geplantes militärisches Vorgehen, das diese Bezeichnung verdient hätte, gab es nicht. Die Position der Putschisten blieb viel zu schwach, um überhaupt an Verhandlungen mit Berlin nachzudenken.

Tatenlos blieben Hitler und seine Mittäter aber keineswegs. Als Ludendorff schließlich befahl, einen erneuten Versuch zu unternehmen, das Generalstaatskommissariat in der Maximilianstraße zu besetzen, ließ Roßbach die Infanterieschüler zwar auf Lastwagen aufsitzen und fuhr mit ihnen zum Regierungspräsidium von Oberbayern, in dem das Generalstaatskommissariat untergebracht war, doch das Gebäude war bereits von der Landespolizei gesichert. Beide Gruppen standen sich gegenüber, die Landespolizei verweigerte die Übergabe. Kurz bevor es zum Angriff auf das Gebäude kam, erhielt Roßbach einen neuen Befehl und trat den Rückzug an.

Schlaglichtartig seien einige der teilweise hilflos wirkenden, zumindest aber unkoordinierten Maßnahmen der Putschisten skizziert: Bei-

Putschisten zerstörten Druckmaschinen und verwüsteten die Redaktion der sozialdemokratischen *Münchener Post*. Die Aktion steht auch sinnbildlich für ihr unkoordiniertes Vorgehen, da Hitler angeblich vorgehabt hatte, die Infrastruktur der Zeitung im weiteren Verlauf des Putsches für seine Zwecke zu nutzen.

spielweise verwüstete der Stoßtrupp Hitler die Redaktion der sozialdemokratischen Tageszeitung *Münchener Post*. Wer ihnen den Befehl dazu gegeben hatte, ist unklar, denn schließlich stoppte sie ein Bote Hitlers, der erbost über die Aktion gewesen sein soll. An anderer Stelle in München beobachtete der Direktor des Hotels Vier Jahreszeiten, Christian Tauber, wie die SA vorübergehend die dort residierenden Offiziere der Entente festnahm. Kurze Zeit später wurden diese wieder auf freien Fuß gesetzt. Auf der Suche nach weiteren Gegnern verhaftete Ernst Hübner, Zugführer im Bund Oberland, unter Zuhilfenahme des Telefonbuchs wahllos jüdische Bürger, um die Zahl der Geiseln zu erhöhen. Darunter waren auch Weltkriegsveteranen, die nach dem Vorzeigen ihrer Kriegsauszeichnungen mit einer Entschuldigung wieder freigelassen wurden. Auch um Löhnung und Verpflegung hatte man sich nicht gekümmert: In zwei Druckereien stahlen die Putschisten frischgedrucktes Geld, um sich selbst ihren Sold auszuzahlen. Das Essen musste teilweise in Restaurants bestellt werden.

In der Bayerischen Siedlungs- und Landbank verbrachten die Putschisten ihre Zeit damit, Schilder an den Türen anzubringen und die Büros zu verteilen. Das Gebäude sollte die Propagandazentrale der neuen Regierung werden. Während seine Untergebenen sich mit solchen Nebensächlichkeiten beschäftigten, musste Hitler die zunehmende Aussichtslosigkeit des Unternehmens erkennen. Schließlich entsandte er einen Boten zu Rupprecht von Bayern nach Berchtesgaden, um den ehemaligen Kronprinzen um Vermittlung zu bitten. Die Mitglieder der regulären bayerischen Regierung, mit denen eigentlich eine politische Lösung hätte ausgehandelt werden müssen, harrten währenddessen in der Villa des antisemitisch-völkischen Verlegers Julius Lehmann aus. Dorthin hatte Rudolf Heß die Geiseln gebracht. Die Mission des Boten war allerdings vergebens: Er kam erst in Berchtesgaden an, als der Putsch schon gescheitert war, weil er statt des Autos den Zug nehmen musste. Die Geiseln im Bürgerbräukeller und in der Villa Lehmann hatten Glück, sie blieben bis zum Scheitern des Putsches unbehelligt.

Ein symbolischer Erfolg der Putschisten war hingegen die Besetzung des Rathauses und das Hissen der Hakenkreuzflagge dort. Die Ratsherren der linken Parteien wurden direkt während einer Stadtratssitzung verhaftet. In der Redaktion des *Völkischen Beobachters* herrschte unterdessen Hochstimmung. Die Schreibkraft Paula Schlie erinnerte sich

Am Morgen des 9. Novembers drangen Putschisten ins Münchner Rathaus ein und verlangten das Hissen der schwarz-weiß-roten Flagge. Doch der sozialdemokratische Bürgermeister Eduard Schmid weigerte sich. Die Putschisten verhafteten ihn sowie die Stadträte und brachten sie in den Bürgerbräukeller.

später daran, dass sie zur Nachtausgabe in die Redaktion gefahren sei und auf ihrem Tisch einen Zettel gefunden habe, der die Revolution verkündet habe. Die anwesenden Redakteure hätten sich wie wild gebärdet. Es sei Schnaps getrunken worden, man habe Spezialitäten kommen lassen und gut gegessen. Von gezieltem, planvollem Handeln konnte auch dort nicht die Rede sein.

Zunächst war die Sache allerdings weiterhin unentschieden. Das Kräfteverhältnis sprach noch immer für die Putschisten, die 3000 Mann unter Waffen hatten. Ihnen standen zu diesem Zeitpunkt lediglich 1000 bereits mobilisierte Landespolizisten und nur ein Bataillon des IR 19 gegenüber, das unmittelbar in München stationiert war. Und noch war die Gegenbewegung unkoordiniert. Doch das sollte sich nun ändern. Von diesem Zeitpunkt an verschob sich die Balance zugunsten der Staatsmacht von Minute zu Minute.

Die Reichswehr handelt

General Kreß von Kressenstein erfuhr auf einer Abendgesellschaft von den Vorgängen im Bürgerbräukeller. Mit dem Auto seines Gastgebers wurde er – noch in Zivil – in die Stadtkommandantur gefahren. Dort traf er auf die Generale Jakob Ritter von Danner und Adolf Ritter von Ruith, die herbeigeeilt waren und ebenfalls zivile Kleidung trugen. Lossow fehlte, als sie die ersten Gegenmaßnahmen einleiteten, aber auch ohne ihn waren sich die drei Männer schnell einig. Alle Standorte der bayerischen Reichswehr wurden alarmiert und Truppen aus Augsburg sowie Landsberg mit der Bahn Richtung München in Marsch gesetzt, um den Putsch niederzuschlagen.

Am späten Abend erreichte auch Lossow die Stadtkommandantur. Dort wurde er vor vollendete Tatsachen gestellt, die Maßnahmen zur Niederschlagung des Putsches waren bereits eingeleitet. Der erschütterte Lossow musste sich zudem den Vorwürfen der anderen Generale stellen. Von Hitler berichtete er erzürnt: »Der Hund hat mich mit dem Revolver bedroht.« Ihm wurde klar, dass die drei Generale sich eindeutig gegen den Putsch und damit loyal zu Seeckt und der Reichsregierung gestellt hatten. Danner warf ihm sogar vor, er hätte sich, statt »Komödie

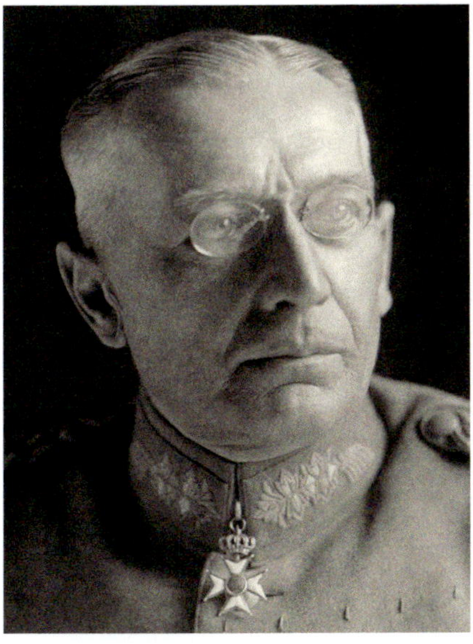

Generalleutnant Friedrich Kreß von Kressenstein (1870–1948), hier in einer Aufnahme von 1916, war Chef des Wehramtes im Reichswehrministerium, bevor er Artillerieführer VII in der 7. (bayerischen) Division wurde. Während des Putsches entschied er schnell. Die Reichswehr verweigerte daraufhin den Putschisten die erhoffte Unterstützung.

zu spielen«, wie es Lossow später selbst formulierte, schlicht verweigern müssen. Nun aber würden Deutsche auf Deutsche schießen.

Wie war die Lage? Grundsätzlich ging im Falle innerer Unruhen die Befehls- und Kommandogewalt auf den Stadtkommandanten über. Danner befehligte also nun alle Polizei- und Reichswehrtruppen in der Stadt. Um mögliche Unklarheiten zu vermeiden und zu verhindern, dass sich die Putschisten missbräuchlich auf vermeintliche Befehle Lossows beriefen, entschied man, dass nun nur noch die Befehle Danners bzw. mündlich von Lossow erteilte Befehle gültig waren.

Schließlich verständigten sich die Generale darauf, das Hauptquartier in eine der gesicherten Kasernen zu verlegen. Man entschied sich für die Infanteriekaserne. Immer noch war damit zu rechnen, dass die Putschisten einen erneuten Anlauf unternehmen würden, um sich der Stadtkommandantur zu bemächtigen. Und in der Tat stand Röhm, kurz nachdem die Männer abgerückt waren, vor der Tür und verlangte Danner sowie Lossow zu sprechen. Als die zurückgebliebene Besatzung ihm den Einlass verweigerte, zog er allerdings ohne Erfolg wieder ab.

Inzwischen waren alle Münchner Kasernen gesichert worden. Die 1. Kompanie des Infanterieregiments 19 von Hauptmann Dietl bewachte die Infanteriekaserne, in deren Nachrichtenbaracke die Münchner Reichswehrführung nun ihr Hauptquartier aufgeschlagen hatte. Auch Kahr und Seißer waren dort inzwischen eingetroffen und blieben vor Ort. Vor allem Kahr schien am Ende seiner Kräfte und schlief immer wieder ein. Im Gegensatz zur tabakrauchgeschwängerten Luft in der Baracke klärte sich die Lage zunehmend auf. Die meisten Regierungsgebäude und militärischen Dienststellen sowie die Verkehrs- und Kommunikationszentren waren fest in der Hand der dem Reich und der bayerischen Regierung loyalen Kräfte. Die Putschisten hielten mit ihren Anhängern den Bürgerbräukeller, das Wehrkreiskommando und das Stadtviertel rechts der Isar.

Um 7.30 Uhr am Morgen des 9. November erfolgte dann der Befehl der Reichswehr, das Wehrkreiskommando zurückzuerobern. Die notwendigen militärischen Vorbereitungen für eine solche Operation begannen. Der Chef der 2. Kompanie des Infanterieregiments 19, Oberleutnant Max Braun, wurde mit seinen Männern in Marsch gesetzt. Er hatte sich bereit erklärt, im Zweifel auf die Putschisten zu schießen. Andere Kompaniechefs, darunter auch Dietl, haderten: Sie seien nicht in der Lage, auf Ludendorff das Feuer eröffnen zu lassen. Braun hingegen wird der Satz zugeschrieben: »Wer sich einem Braun in den Weg stellt, auf den lasse ich schießen.« Nach der entsprechenden Vorbereitungszeit rückte die Reichswehr gut vier Stunden später mit Panzerwagen und Feldkanonen gegen das Wehrkreiskommando vor.

Die Nachricht vom Putsch hatte sich inzwischen überall in der Stadt verbreitet. Noch immer war nicht ersichtlich, wer nun auf welcher Seite stand. Selbst im Wehrkreiskommando, das Röhm bis zum Schluss besetzt hielt, erschienen Soldaten zum Dienst und einige gingen wieder, als sie realisierten, wie verworren die Lage war. Niemand hinderte sie daran.

Auch an anderer Stelle herrschte Unsicherheit. SA-Mann Julius Schaub war nach Landshut unterwegs, um Verstärkung zu holen. Doch sein Kraftfahrzeug blieb auf der Landstraße liegen. Als General Kreß von Kressenstein auf dem Weg nach Regensburg an der Stelle vorbeikam, wurde er zwar von den SA-Männern gestoppt, doch als er sagte, er sei unterwegs, um das Kommando über die Reichswehrtruppen in Regensburg zu übernehmen, wähnten sie ihn auf der Seite der Putschisten. Der General konnte seine Fahrt unbehelligt fortsetzen.

Es dauerte lange, bis den einfachen Polizisten und Soldaten auf der einen sowie den SA-Männern auf der anderen Seite bewusst wurde, dass man nicht auf derselben Seite stand. Und selbst nach den ersten Meldungen am Morgen des 9. November blieb eine gewisse Unsicherheit: Als die Landespolizei den Befehl erhielt, die Brücken über die Isar zu besetzen, und ihre Männer die Ludwigsbrücke erreichten, standen dort schon Posten der SA. Doch noch kam es zu keinem Konflikt. Die Polizisten bezogen einfach neben den SA-Männern ihre Posten auf der Brücke.

In den frühen Morgenstunden wurden die ersten Plakate angeschlagen, die von der nationalen Revolution kündeten. Die Plakate der Putschisten hingen überall in der Stadt. Das Dementi Kahrs wurde erst sehr viel später und in geringerer Zahl plakatiert. In Sachen Propaganda war Hitler Kahr weit überlegen.

Aber auch die Bemühungen der Putschisten, die öffentliche Meinung zu gewinnen, blieben zunächst Stückwerk, so evident war ihr Mangel an planerischem Geschick und militärischem Können. Lediglich Hauptmann Röhm ergriff nach der Sicherung des Wehrkreiskommandos Maßnahmen, die erkennen ließen, dass er sein soldatisches Handwerk verstand: An den Fenstern des Gebäudes zur Ludwigstraße bezogen bewaffnete Posten Stellung, und die Schönfeldstraße wurde gegen die Ludwigstraße und den Englischen Garten mit Drahtverhauen gesichert. Dort entstand auch das Foto, das den jungen Heinrich Himmler als Fahnenträger der Reichskriegsflagge zeigt. Danach verlor Röhm allerdings die Initiative des Handelns. Sämtliche Versuche der Kontaktaufnahme mit Lossow sowie der Plan, die Stadtkommandantur zu besetzen, schlugen fehl.

Das Wehrkreiskommando wurde so neben dem Bürgerbräukeller zur Zentrale der Putschisten. Kriebel, Hitler und Ludendorff waren zwischenzeitlich auch im Wehrkreiskommando erschienen. Röhm hatte inzwischen auch die Telefonzentrale unter seine Kontrolle gebracht. Als man Ludendorff auf die Gerüchte ansprach, Lossow habe die Seiten gewechselt, reagierte dieser zunächst barsch: »Ein deutscher General bricht sein Wort nicht.« Als klar wurde, dass ein deutscher General sein Wort sehr wohl brechen konnte und damit Hitler wie auch Ludendorff in nichts nachstand, verlor der Weltkriegsheld die Fassung.

Hitler traf um 23 Uhr im Wehrkreiskommando ein. Noch war er voller Euphorie und umarmte Röhm. Dies sei der glücklichste Tag seines Lebens, beschied er ihm. Einen konkreten Plan, wie es nun weitergehen sollte, hatte auch er nicht, verdeckte das aber durch hektische Aktivitäten. Erst um 5 Uhr früh am 9. November kehrten Ludendorff und Hitler zurück in den Bürgerbräukeller.

Rund um das Wehrkreiskommando hatte sich seit dem Morgen eine neugierige Menschenmenge angesammelt. Dann rückten die General von Danner unterstellten Reichswehrtruppen an. Die Soldaten umstellten das ehemalige Kriegsministerium, positionierten sich auf den Dächern sowie oberen Stockwerken der umliegenden Gebäude und ließen Minenwerfer sowie Maschinengewehre in Stellung bringen. Nach dem Aufbau dieser Drohkulisse wurde ein Waffenstillstand vereinbart.

Röhm hatte freies Geleit erhalten und verhandelte mit Danner in der Türkenkaserne, doch der ließ sich auf keinerlei Diskussion ein und forderte Röhm stattdessen zur Kapitulation auf. Lossow, teilte er Röhm mit, wolle sein Hauptquartier wiederhaben. Der General drohte, das Gebäude stürmen zu lassen, wenn Röhm nicht freiwillig aufgäbe. Röhms Hinweis auf die Befehle, die er von Ludendorff erhalten habe, machte keinen Eindruck auf Danner. Unverrichteter Dinge machte sich Röhm daraufhin auf den Rückweg ins Wehrkreiskommando.

Kaum hatte Röhm das Wehrkreiskommando verlassen, um mit Danner zu verhandeln, kam es dort zum ersten und einzigen bewaffneten Zusammenstoß zwischen den Putschisten und der Reichswehr: Aus dem Wehrkreiskommando heraus fielen Schüsse. Zwei Soldaten der Reichswehr wurden verwundet, und ihre Kameraden erwiderten das Feuer. Vor Ort waren die Infanteristen von Oberleutnant Max Braun sowie die Pioniere der Reichswehr eingesetzt. Es kam zu einem Schusswechsel. Der Beschuss aus dem Wehrkreiskommando wurde mit Maschinengewehrfeuer erwidert. Zwei Putschisten starben: der ehemalige Leutnant Theodor Casella und Martin Faust, beide Mitglieder der Reichskriegsflagge Röhms. Daraufhin ergaben sich zahlreiche Besatzer des Wehrkreiskommandos, sodass ein Teil des Gebäudes von Brauns Männern besetzt werden konnte. Putschisten und Regierungstruppen saßen nun im selben Gebäude.

Die Besetzung des Wehrkreiskommandos durch den Bund Reichskriegsflagge unter der Führung von Ernst Röhm (1887–1934) war der einzige militärische Erfolg der Putschisten. Als Fahnenträger auf dem Foto ist der spätere Reichsführer-SS Heinrich Himmler (1900–1945) zu erkennen.

Flucht nach vorne: Der Marsch auf die Feldherrnhalle

Schon Stunden zuvor hatte sich abgezeichnet, dass Lossow, Seißer und Kahr nicht ernsthaft bereit gewesen waren, Hitler zu folgen. Zu keinem Zeitpunkt hatte einer der drei Befehle erteilt, um den Putsch tatkräftig zu unterstützen. Dann gab es keinen Zweifel mehr: Kahr, Lossow und Seißer hatten sich gegen Hitler und Ludendorff gestellt. Hitler schwankte in der für ihn auch später typischen Art zwischen Tobsuchtsanfall und phlegmatischer Stimmung. Aber anstatt nun schnell zu handeln, um möglichst die Initiative zurückzugewinnen, gab er zunächst ein Interview für US-Journalisten. Dann berieten er, Ludendorff, Göring und Kriebel im Bürgerbräukeller, was zu tun sei. Göring und Kriebel schlugen einen Rückzug nach Rosenheim vor, um von dort den Kampf, den man noch gar nicht begonnen hatte, fortzuführen. Doch Hitler und Ludendorff waren entschieden dagegen, den Putsch auf einer bayerischen Landstraße enden zu lassen.

Schließlich entschieden sie sich auf Initiative Ludendorffs für einen Marsch durch die Stadt, um die öffentliche Meinung für sich zu gewinnen. Ihnen standen rund 2000 Mann zur Verfügung. Das Kalkül war, dass die Zustimmung aus dem Volk die bewaffneten staatlichen Organe, Polizei und Reichswehr, dazu bewegen würde, doch noch die Seiten zu wechseln. Auf den Weltkriegshelden Ludendorff würden weder Soldaten noch Polizisten schießen, so die Annahme. Vor dem Bürgerbräukeller formierte sich eine Marschkolonne, von der Karl Alexander von Müller, Historiker und aufmerksamer Beobachter der Ereignisse, später schrieb, die Männer Hitlers und Ludendorffs hätten den »Charakter einer Horde, Rotten mit Helmen, mit Militärmützen, Zivilisten, ohne Ordnung durcheinandergewürfelt« gehabt. Nur wenige Kräfte verblieben vor Ort, darunter eine Kompanie des Bund Oberland, die gerade Verpflegung zu sich nahm und sich dabei nicht stören ließ.

Eine politische Demonstration sollte anstelle einer militärischen Aktion die Entscheidung bringen. Zwar wurde deshalb angeblich befohlen, die Waffen zu entladen, allerdings wurde dieser Befehl entweder nicht ausreichend kommuniziert oder schlichtweg ignoriert. Nach einer Nacht ohne Schlaf, mit nur wenig Ruhe und fehlender Verpflegung sowie einer schwindend geringen Aussicht auf Erfolg litt auch die Disziplin der Männer. In der SA, dem Stoßtrupp Hitler, dem Bund Oberland

Plakate als Informationsquelle für die Bevölkerung. Am Tag des Putsches hatten die sich widersprechenden Aushänge der Putschisten und der Regierung für Verunsicherung und Verwirrung gesorgt.

und dem Bund Reichskriegsflagge waren eben keine disziplinierten und gut ausgebildeten Soldaten, sondern Abenteurer, Demagogen, Freibeuter, Söldner, Antisemiten, Opportunisten und Überzeugungstäter sowie Mitläufer versammelt. Als die Reihen einigermaßen fest geschlossen waren, setzte sich der Zug in Bewegung, mit dem Sturmlied Dietrich Eckarts »Deutschland, erwache!« auf den Lippen.

Die Ludwigsbrücke, die der Zug bald erreichte, war sowohl von Landespolizei und SA besetzt. Beide standen zunächst nebeneinander. Man vermied die Konfrontation. Als die Marschkolonne sich näherte, änderte sich dies. Leutnant Georg Höfler von der Landespolizei befahl, durchzuladen. Der Versuch der Polizisten, sich der Marschkolonne entgegenzustellen, blieb halbherzig und war zudem zum Scheitern verurteilt: Die SA entwaffnete die Polizisten, die sich zur Wehr setzten, umgehend. Es folgte ein kurzes Handgemenge, ohne dass ein Schluss fiel. Die

Polizisten wurden angespuckt, einigen wurden die Zähne eingeschlagen, andere gewürgt. Dann setzte man sie gefangen und brachte sie in den Bürgerbräukeller. In der nationalsozialistischen Legende wurde später behauptet, die Polizisten hätten sich begeistert eingereiht.

Der Marschkolonne, die nun durch die Zweibrückenstraße, dann das Isartor und schließlich das Tal entlang zum Marienplatz marschierte, schlug Jubel aus der Bevölkerung entgegen. Immer mehr Neugierige strömten zusammen. »Heil«-Rufe waren zu hören, wenn Hitler und Ludendorff erkannt wurden. Manche der Schaulustigen schlossen sich der Marschkolonne an, andere hofften schlichtweg auf eine »Gaudi«. Auch auf dem Marienplatz, wo der Verkehr zum Erliegen kam, umbrandete die Marschkolonne Jubel.

Ihr Ziel war jedoch weitgehend unklar. Hitler ließ sich von den positiven Reaktionen der Masse am Straßenrand erkennbar beeinflussen. Der Weg führte nun fast zwangsläufig Richtung Wehrkreiskommando, wo Röhm ausharrte. Damit war die Konfrontation mit Polizei und Reichswehr vorprogrammiert, doch die Stimmung und die Anwesenheit so vieler Menschen bestärkte die Putschisten in der Annahme, dass Polizei und Reichswehr nicht schießen würden. Ähnlich wie an der Ludwigsbrücke galt es nun, die Postenkette der Polizei zu sprengen. Scheubner-Richter, Hitler und die anderen in der ersten Reihe hakten sich unter, so wie es geübte Taktik in Saalschlachten und Demonstrationen war, um die gegnerischen Reihen zu durchbrechen. Die Marschkolonne näherte sich dem Odeonsplatz. Die Landespolizisten, ausgerüstet mit Stahlhelm und Gewehr, wurden alarmiert und riegelten den Platz ab. Sie hatten inzwischen den Befehl erhalten, den Zug in jedem Falle zu stoppen. Man wollte unter allen Umständen verhindern, dass die Putschisten zur Schönfeldstraße durchstoßen konnten.

Michael Freiherr von Godin, Oberleutnant der Landespolizei, beschrieb später die Momente kurz vor dem Schusswechsel wie folgt: »Einzelne meiner Leute wurden angepackt und ihnen die entsicherte Pistole auf die Brust gesetzt. Meine Leute arbeiteten mit Kolben und Gummiknüppeln. Ich persönlich hatte zu meiner Verteidigung, um nicht frühzeitig von meiner Pistole Gebrauch machen zu müssen, einen Karabiner genommen, parierte damit zwei mir vorgehaltene Bajonette und rannte die Betreffenden mit quer vorgehaltenem Karabiner über den Haufen.«

Es kam zu einem Handgemenge, denn auf den Zuruf »Halt!« aus den Reihen der Landespolizei stoppte der Zug keineswegs. Mit quergehaltenen Gewehren, Karabinern, Gummiknüppeln und Gewehrkolben unternahmen die Landespolizisten den Versuch, die Demonstranten aufzuhalten. Aus den Reihen der Putschisten rief es: »Nicht schießen! Hier kommt Ludendorff!« Noch immer hoffte man, dass die Autorität des Weltkriegshelden die Staatsmacht dazu bewegen würde, zurückzuweichen. Doch dann fiel ein Schuss. Ein Polizist sank tot zu Boden. Unmittelbar danach setzte Gewehrfeuer ein. Es entwickelte sich ein kurzer, aber heftiger Feuerkampf. Als erster fiel Scheubner-Richter getroffen zu Boden. Er riss Hitler, bei dem er sich untergehakt hatte, mit. Hitlers Leibwächter Ulrich Graf deckte seinen Chef und wurde von mehreren Kugeln getroffen. Auch Göring wurde verwundet. Nicht nur die neugierigen Zuschauer, auch die Putschisten nahmen nun Reißaus. Lediglich Ludendorff schritt aufrecht weiter voran und passierte so die Postenkette der Landespolizei. Dort wurde er festgenommen. Als der Pulverdampf sich lichtete, lagen neben vier Landespolizisten 13 Putschisten und ein Unbeteiligter tot oder tödlich verwundet am Boden.

Das Scharmützel hatte nicht länger als eine Minute gedauert. Zwar schossen die Putschisten, aber von einem geführten Feuergefecht konnte keine Rede sein. Niemand gab Befehle oder übernahm die Führung. Wären die Putschisten in Deckung gegangen oder hätten eine Schützenkette gebildet, dann wäre es fraglich gewesen, ob die Landespolizei das Feld hätte behaupten können. So aber reichte das Überraschungsmoment, um die Marschformation zu zerstreuen.

Auf der Residenzstraße herrschte Chaos. Hunderte flüchteten in Richtung Max-Joseph-Platz, überall lagen weggeworfene Fahnen, Hakenkreuzarmbinden und Waffen herum. Die Verletzten und Sterbenden wurden in die Universitätsklinik gebracht. Der berühmte Chirurg Ferdinand Sauerbruch persönlich operierte. Während drei Männer noch im Krankenhaus starben, zwei Polizisten und ein Nationalsozialist, rettete er Hitlers Leibwächter das Leben.

Spätere Ermittlungen konnten nicht eindeutig aufklären, wer den ersten Schuss abgab. Beide Seiten beschuldigten einander oder reklamierten für sich, zuerst geschossen zu haben. Auch die Theorie, es habe einen Provokateur gegeben, wurde immer wieder kolportiert. In der Tat fanden die Landespolizisten im obersten Geschoss des Preysing-Palais leere Patronenhülsen und Schmauchspuren auf einigen Fensterbänken. Nach dem Schusswechsel lief alles auseinander. Roßbach schickte die Infanterieschüler zurück in die Kaserne. Er selbst entging der Verhaftung und floh nach Österreich.

Kurze Zeit später ergab sich Röhm im Wehrkreiskommando. Danner hatte ihm die Kapitulationsbedingungen übermittelt, und Ludendorff hatte ihm geraten aufzugeben. Als die Landespolizei um 15 Uhr am Bürgerbräukeller eintraf, war dieser fast verlassen. Einige übriggebliebene Nationalsozialisten wurden verhaftet, Waffen und Munition beschlagnahmt. Überall in der Münchner Innenstadt wurden nun Männer des Kampfbundes in Gewahrsam genommen. Die Oberländer auf dem Marienplatz waren von Polizeischülern und der 7. Kompanie des Infanterieregiments 19 entwaffnet worden. Deren Chef Hauptmann Hans Heberlein erklärte: »Sämtliche abgenommenen Waffen wurden auf Haufen geworfen, später auf Autos verladen und abgeliefert. Dies geschah auf meinen Befehl. Die meisten Leute warfen panikartig ihre Waffen auf die Straße. Innerhalb kürzester Zeit war die Straße übersät mit weggeworfenen Waffen.«

Hitler hatte alles auf eine Karte gesetzt und verloren. Man hatte ohne jegliche Reserven gehandelt, hatte keinen Alternativplan gehabt und musste auf mangelhaft ausgebildete Truppen zurückgreifen, deren Versorgung nicht sichergestellt war und die über keinerlei schwere Waffen verfügten. Hitler hatte alle verfügbaren Kräfte in München bündeln müssen, um überhaupt eine Aussicht auf Erfolg zu haben. Das Scheitern schien vorprogrammiert. Entscheidend war dann schließlich der Widerstand von Polizei und Reichswehr.

Nach dem Scheitern

Am Tag nach dem Putsch schrieb die Regierung Oberbayerns in einem Bericht: »Der Hitlerputsch ist dank dem staatstreuen nachdrücklichen und opfermutigen Vorgehen der Landespolizei und der bayerischen Reichswehr erledigt. Die ungeheure Erregung, die das Ereignis im ganzen Volk hervorgerufen hat, dauert noch an.« Und der württembergische Gesandte Carl Moser von Filseck notierte: »Die Psychose, welche die ganze Bevölkerung ergriffen hat, musste sich am Samstag und ges-

Auch in den Tagen nach dem Putsch patrouillierte die Polizei verstärkt in der Münchner Innenstadt. Viele Bürgerinnen und Bürger, vor allem die Studenten der Universität, bekundeten weiterhin ihre Sympathie mit Hitler.

tern noch gründlich austoben, es ging in der Stadt ziemlich wild zu, und an die Polizei und ihre Geduld wurden große Anforderungen gestellt, immerhin konnten ernstere Zusammenstöße vermieden werden. Heute ist die Bewegung etwas abgeflaut, nachdem es gelungen ist, Hitler zu verhaften.«

Einige Putschteilnehmer wie Göring, aber auch Amann und Esser setzten sich unmittelbar nach dem Debakel an der Feldherrnhalle nach Österreich ab. Der letzte, der aufgab, war Röhm. Heß befand sich zu diesem Zeitpunkt in der Villa des Verlegers Julius Lehmann, wo man die prominenten Geiseln untergebracht hatte. So waren noch die Minister Franz Xaver Schweyer (BVP) und Johannes Wutzlhofer (Bayerischer Bauernbund) in seiner Gewalt, als er vom Scheitern des Putsches erfuhr. Anstatt diese laufen zu lassen und sich abzusetzen, stieg er mit ihnen ins Auto und fuhr sinnlos durch die Gegend. Immer wieder ließ er anhalten und suggerierte den Männern, dass man den geeigneten Platz für eine Hinrichtung suche. Schließlich überließ er sie doch ihrem Schicksal und floh vorübergehend nach Österreich. Nicht so Gregor Strasser, Gauleiter der NSDAP in Niederbayern und Führer der dortigen SA. Er kehrte nach Landshut zurück. Sein Schwager Georg Höfler war Leutnant der Landespolizei. Er hatte die Ludwigsbrücke nicht gegen die Marschkolonne der Putschisten halten können. Nun kam er, um seinen Schwager zu verhaften.

Und Hitler? Der hatte sich bei seinem Freund Ernst »Putzi« Hanfstaengl in dessen Villa in Uffing am Staffelsee versteckt. Erneut drohte er, sich mit seinem Revolver zu erschießen. Als Oberleutnant Rudolf Belleville am 11. November gegen halb fünf nachmittags in Uffing Hitler, der einen Schlafanzug trug, verhaftete, bat ihn dieser theatralisch, man möge ihn vor möglichen Anfeindungen beschützen. Doch das war gar nicht notwendig. Alles war ruhig, als Hitler abgeführt wurde.

Weil die Staatsmacht in Bayern sich Hitler und Ludendorff entgegenstellte, war der Putsch zum Scheitern verurteilt. Die mangelhafte Vorbereitung auf Seiten Hitlers, das Fehlen einer detaillierten Planung inklusive alternativer Handlungsoptionen, eine nicht existente Führung sowie der auch die spätere NS-Herrschaft kennzeichnende Wirrwarr an Kompetenzen und die Überschneidung von Zuständigkeiten verhinderten ein einheitliches und schnelles Vorgehen, das unter Umständen die anfangs unklare Situation zugunsten der Putschisten hätte wenden können. Doch aufgrund der zu geringen Kräfte und des schlechten Ausbildungsstandes waren die Männer des Kampfbundes kein ebenbürtiger Gegner für Landespolizei und Reichswehr. Und ob sie wirklich bereit waren, den Kampf aufzunehmen, darf angesichts der wenigen Fälle, in denen es zur Konfrontation kam, bezweifelt werden.

Die Reichswehr machte sich daran, das Geschehene aufzuarbeiten. Seeckt ordnete eine ausführliche Untersuchung an, die weit über die Vernehmung der Infanterieschüler hinausging. Die Infanterieschule ließ er schließen, nachdem alle Lehrgangsteilnehmer in ihre Heimatstandorte zurückgeschickt worden waren. Lossow musste seinen Posten räumen, und Kreß von Kressenstein, inzwischen zum Generalleutnant befördert, übernahm am 22. Februar 1924 endgültig das Kommando der 7. (bayerischen) Division, er wurde Landeskommandant. Der bayerische Ministerpräsident Eugen Ritter von Knilling (BVP) beschei-

Panzerauto der bayerischen Landespolizei am Odeonsplatz nach der Niederschlagung des Hitlerputsches.

nigte der Reichswehr im Nachhinein, die Haltung der Truppe während des Putsches sei »tadellos« gewesen.

In einer Ansprache vor dem Offizierkorps machte Kreß von Kressenstein deutlich, er wolle alles tun, »was in meinen Kräften steht, um mich selbst und die Division von jeder politischen Tätigkeit und von jedem Hereinziehen in den Kampf der politischen Parteien fernzuhalten und zu verhindern, dass wir nochmals in politische Konflikte verwickelt werden. […] Meine Herren, das möchte ich denjenigen unter unseren inaktiven Kameraden sagen, die sich bedauerlicherweise nicht scheuen, einen Gegensatz zwischen den alten und den republikanischen Offizieren zu konstruieren: wir dienen dem Vaterland und nicht der einen oder der anderen Staatsform.«

Hauptmann Rudolf Konrad, der im Zweiten Weltkrieg General der Gebirgstruppe werden sollte, war mit seiner Kompanie an der Niederschlagung des Putsches beteiligt. Er erklärte später: »Um den Putsch niederzuwerfen bedurfte es keiner großen militärischen Anstrengungen. Einige wenige Schüsse genügten. Die Leistung der 7. Division und der Bayerischen Landespolizei liegt jedoch in der Tatsache, dass diese

Schüsse überhaupt fielen. An Hitlers Seite marschierte neben General Erich Ludendorff der vaterländische Verein Reichskriegsflagge und das Freikorps Oberland, deren Angehörige zu einem großen Teil ehemalige Offiziere waren. Mancher Offizier der 7. Division hatte Freunde und Verwandte darunter. Welches Ausmaß an Disziplin dadurch bewiesen wurde, dass sie sich überhaupt gegen diese Männer verwenden ließen, kann wohl nur von denjenigen richtig gewürdigt werden, die den 9. November 1923 selbst miterlebt haben.«

Der Lagebericht des Wehrkreiskommandos VII meldete Mitte November: »Die politische Lage in München hat sich weiter entspannt, dafür wächst die wirtschaftliche Not und Sorge in allen Kreisen der Bevölkerung.« Inzwischen war die Polizei in der Lage, Ruhe und Ordnung aufrechtzuerhalten. Die nach München befohlenen Truppen der Reichswehr kehrten wieder in ihre Heimatstandorte zurück.

Der Schriftsteller Stefan Zweig schrieb in Erinnerung an den gescheiterten Putsch: »In diesem Jahr 1923 verschwanden die Hakenkreuze, die Sturmtrupps, und der Name Adolf Hitler fiel beinahe in Vergessenheit zurück. Niemand dachte mehr an ihn als einen möglichen Machtfaktor.«

↗ Erich Ludendorff, Adolf Hitler und Friedrich Weber sprechen am Rande des Prozesses miteinander.

Hitlers Prozess und die Folgen

Am 26. Februar 1924 begann der Prozess gegen die Putschisten, der aus Platzgründen in einem Speisesaal der inzwischen geschlossenen Infanterieschule stattfinden sollte. Schon die Wahl des Gerichtstandes war ein Politikum gewesen. Die bayerische Regierung hatte durchgesetzt, dass der Prozess nicht vor dem Reichsgericht in Leipzig, sondern in München stattfand. Hitler saß auf der Anklagebank. Und auch wenn die Nationalsozialisten ihres Kopfes beraubt waren und die Partei verboten war, agitierten sie weiter. Kahr berichtete der bayerischen Regierung im Januar 1924: »Die aufgelöste nationalsozialistische Arbeiterpartei versucht trotz des Verbots weiterzuarbeiten; sie leidet jedoch unter dem Mangel eines wirklichen Führers.«

In der Tat wurde in den Monaten nach dem gescheiterten Putsch klar, dass die NSDAP ohne Hitler wieder auf den Status einer rechtsextremen Splitterpartei in der völkischen Bewegung herabsinken würde. Hitler überließ seine Anhänger weitgehend sich selbst, legte demonstrativ die Führung der Bewegung nieder und arbeitete zunächst an der eigenen Legende. Dabei nutzte er die Bühne, die ihm das Gericht bot, für eine schamlose Selbstinszenierung.

Kahr, Lossow und Seißer machten als Zeugen vor Gericht zudem keine gute Figur. Der Vorsitzende Richter Georg Neithardt erwies sich als unfähig, sympathisierte mehr oder weniger offen mit Hitler und gab ihm die Bühne, die er für seine stundenlangen Ausführungen forderte.

Der Prozess fand nicht nur medial ein großes Echo. Man befürchtete erneute Ausschreitungen und Proteste. Das Gerichtsgebäude, die ehemalige Infanterieschule in München, wurde entsprechend von der Polizei gesichert. Doch die erwarteten Protestkundgebungen blieben aus.

So trug der Prozess mehr zur Steigerung von Hitlers Bekanntheit bei als der Putsch selbst. Alexander Graf zu Dohna-Schlodien, ein bekannter zeitgenössischer Strafrechtsprofessor, kommentierte später das Urteil: »Das ist nicht mehr Justiz, das ist Willkür.«

Am 1. April wurde Hitler zu fünf Jahren Festungshaft wegen Hochverrats verurteilt und kam ins Gefängnis nach Landsberg am Lech. Die Zeit im Gefängnis nutzte er, um sein politisches Manifest *Mein Kampf* zu schreiben. In der Haft empfing er zahllose Besuche, führte Gespräche und – glaubt man den Berichten – ließ es sich gutgehen. Als er nach einem halben Jahr auf Bewährung freikam, war er bereit, die NSDAP als »Führer« neu aufzubauen. Sein Kalkül war aufgegangen: Es war in der Zwischenzeit niemandem gelungen, an seine Stelle zu treten.

Doch zunächst sah es so aus, als ob Hitler und die NSDAP in Zukunft keine politische Rolle mehr spielen würden. Die Partei war verboten worden, ihr Vermögen eingezogen und der *Völkische Beobachter* musste sein Erscheinen einstellen. Überlegungen, Hitler nach Österreich abzuschieben, da er keine deutsche Staatsbürgerschaft besaß, waren jedoch verworfen worden. Nach einiger Zeit fiel dann auch das Parteiverbot, und im Februar 1925 erfolgte die Neugründung der NSDAP. Hitler wurde ihr unumstrittener Chef, konnte aber seine Agitation gegen die Republik erst 1927 nach dem Ende seines Redeverbots wieder mit voller Kraft aufnehmen.

Was blieb vom Putsch? Zunächst einmal Scherben und Schulden. Der Wirt des Bürgerbräukellers, Korbinian Reindl, blieb auf seiner Rechnung sitzen: Hitler hatte einen Glühwein, zwei Eier, eine Portion Tee, zwei Brote und einen Leberkäs in Rechnung gestellt bekommen und nicht bezahlt. Insgesamt waren 143 Maßkrüge, 80 Gläser, 98 Stühle und zwei Musikständer zu Bruch gegangen. 148 Bestecke kamen abhanden.

Verschwunden blieb auch das aus der Druckerei gestohlene Geld, mit dem die Putschisten im Bürgerbräukeller entlohnt worden waren. Der Druckereibesitzer musste die entstandenen Kosten verschmerzen, denn Kahr lehnte eine Haftung und Erstattung rundheraus ab. Er setzte sich allerdings für die ehemaligen Mitarbeiterinnen und Mitarbeiter der NSDAP ein, die durch das Parteiverbot arbeitslos geworden waren, und bat das bayerische Finanzministerium um 3000 Goldmark, um die Frauen und Männer finanziell zu unterstützen. »Aus Billigkeitsgrün-

Am 1. April 1924 trat Hitler seine Haft in Landsberg am Lech an. Er hatte von Beginn an privilegierte Haftbedingungen und konnte Besuch empfangen (v. l. n. r. Emil Maurice, Hermann Kriebel, Rudolf Heß, Friedrich Weber). Bereits am 20. Dezember 1924 wurde er auf Bewährung entlassen.

den« sei es geboten, »den Angestellten eine Abfindung zu gewähren«, ließ er die Finanzbeamten wissen.

Im rechtsextremen Lager verlagerte der Putsch die Macht von den militärisch geprägten Verbänden hin zu den rechtsextremen und völkischen Parteien, allen voran der NSDAP. Hitler setzte also den Primat der Politik durch und legte so den Grundstein für seinen späteren Aufstieg. Nach 1933 wiederholte er den Schritt auf staatlicher Ebene und reduzierte das Militär endgültig auf eine Funktionselite. Dies gelang ihm auch deshalb, weil das Offizierkorps – anders als von Seeckt angestrebt – längst keine homogene Gruppe mit einem eigenen politischen Programm mehr war.

Viele Wesensmerkmale, die Hitler auf dem Weg in die Reichskanzlei bis 1933 zugeschrieben wurden, zeigten sich schon 1923. Zwar trat die

NSDAP nach ihrer Neugründung erstmals bei Wahlen an, aber Hitler schwor der Gewalt nur vordergründig ab. Sein demagogisches Talent nutzte er weiterhin, als das verhängte Redeverbot im März 1927 aufgehoben wurde. Auch Eigenschaften, die bis in die letzten Tage im Bunker unter der Reichskanzlei für ihn charakteristisch waren, kennzeichnen schon den Hitler der sogenannten Kampfzeit. Seine Gewaltaffinität und die Ausschließlichkeit seines Denkens, die mangelnde Fähigkeit zum Kompromiss, auch die Unfähigkeit, Fehler zu erkennen und aus ihnen zu lernen, sich in Details zu verlieren, aber ohne jede tragfähige Strategie zu agieren, der Intuition statt der Analyse zu folgen: All diese Eigenschaften waren 1923 schon angelegt, wenn nicht sogar klar hervorgetreten. Aber auch die Resignation, ja selbst das teilweise psychotische Misstrauen gegenüber Eliten wie dem Generalstab prägten von Anfang an sein Handeln.

Schon auf dem Parteitag im Januar 1923 in München formulierte Hitler ganz ähnlich wie in seinen letzten Stunden im Bunker unter der Reichs-

Die von Hitler in Gefangenschaft geschriebene Hetzschrift *Mein Kampf* ist nicht verboten, wird allerdings als jugendgefährdende Schrift eingestuft. 2016 hat das Institut für Zeitgeschichte eine kommentierte Ausgabe des Buches herausgebracht und seine Entstehungs- und Wirkungsgeschichte einer kritischen Analyse unterzogen.

kanzlei. Für ihn gab es nur Alles oder Nichts: »Entweder die NSDAP ist die kommende Bewegung Deutschlands, dann wird kein Teufel sie aufhalten können, oder sie ist es nicht, dann verdient sie, vernichtet zu werden.« Im Frühjahr 1945 hatten die Nationalsozialisten Deutschland nach fast sechs Jahren Krieg an den Rand der Vernichtung geführt und weite Teile Europas in Schutt und Asche gelegt. Millionen unschuldiger Menschen waren dem NS-Größenwahn zum Opfer gefallen und ermordet worden. Dem deutschen Volk werde er »keine Träne nachweinen«, wenn es untergehe, betonte Hitler.

In einem seiner berüchtigten nächtlichen Monologe in der Wolfsschanze schaute Hitler im Februar 1942 auf das Jahr 1923 zurück: »Letztlich kommt auch aus dieser Zeit jenes Maß an Selbstvertrauen, Optimismus und Glauben, das schlechterdings sich durch nichts mehr erschüttern lässt. Und dann habe ich damals – was viele meiner Anhänger

Soldaten der Roten Armee stehen vor dem Hoheitszeichen des Dritten Reiches, einem gefallenen Reichsadler mit dem Hakenkreuz in seinen Fängen. Nicht nur bei den sowjetischen, sondern auch bei den Soldaten der westlichen Alliierten waren Fotos mit Symbolen des geschlagenen Nazi-Deutschlands beliebte Motive.

nicht verstanden – die Überzeugung gewonnen: Mit Gewalt geht es nicht mehr. Der Staat ist schon zu sehr gefestigt, er besitzt die Waffen!«

Die Legalitätstaktik Hitlers, also mittels der Teilnahme an Wahlen die Macht zu erringen, war eben keineswegs ein Abschied vom frühen revolutionären Charakter des Nationalsozialismus oder der Gewalt als politischem Mittel. Die Erkenntnis, dass gegen die Reichswehr die Macht im Staat gewaltsam nicht zu erringen war, kam Hitler nicht erst nach dem Putsch. Er hatte schon vorher immer wieder betont, wie wichtig es sei, Landespolizei und bayerische Reichswehr für sich zu gewinnen, wenn man nach der Macht greifen wolle. Als er am 8. November im Bürgerbräukeller Kahr, Lossow und Seißer buchstäblich die Pistole auf die Brust setzte, ging er davon aus, dass diesen lediglich ein Anstoß fehle, um zu handeln. Ursprünglich hatte er gar befürchtet, dass die drei bereit seien, ohne ihn loszuschlagen. Beide Annahmen erwiesen sich als falsch.

↗ Anstehen für die Rentenmark im November 1923 in Berlin. Die Hyperinflation war nur durch eine grundlegende Währungsreform zu stoppen. Grundlage der neuen Währung wurde der Grundbesitz von Landwirtschaft, Industrie und Gewerbe, da Deutschland nicht über genügend Goldvorräte verfügte.

Die Republik kommt zur Ruhe

Nach dem Putsch erklärte Oberstleutnant Kurt von Hammerstein-Equord vor seinem Magdeburger Bataillon trocken: »In München ist ein Gefreiter Hitler verrückt geworden.« Und auch wenn in der bayerischen Hauptstadt die Stimmung noch einige Tage angespannt blieb, stand doch am Abend des 9. November fest, dass der Putsch kläglich gescheitert war. Auch Leutnant Adolf Heusinger, der spätere Generalinspekteur der Bundeswehr, hatte von Kassel aus die Ereignisse in München verfolgt. Er tat das Geschehen ab »als einen Unfug mehr« angesichts der vielen Unruhen im Krisenjahr 1923. Der Putsch sei keineswegs eine mit dem Kapp-Putsch vergleichbare Herausforderung für die Kohärenz der Reichswehr gewesen, resümierte Heusinger in seinen Lebenserinnerungen.

In Berlin blieb es ruhig. Mit einem Aufruf wandten sich Ebert und Stresemann an das Volk: »In München hat eine bewaffnete Horde die bayerische Regierung gestürzt und sich angemaßt, eine Reichsregierung zu bilden. Wer diese Bewegung unterstützt, macht sich zum

Hoch- und Landesverräter. In den Schicksalsstunden des deutschen Volkes und Deutschen Reiches fordern wir alle Freunde des Vaterlandes auf, sich einzusetzen für die Bewahrung der Reichseinheit und deutscher Freiheit. Alle Maßnahmen für die Niederkämpfung des Putsches und die Wiederherstellung der Ordnung sind getroffen und werden mit rücksichtsloser Energie durchgeführt.«

Ende Februar 1924 gab Seeckt die vollziehende Gewalt zurück in die Hände der Reichsregierung. Eine durch das Militär errichtete Diktatur war nicht ins Werk gesetzt worden, obwohl im nationalen Lager immer wieder mehr oder weniger offen darüber gesprochen worden war. Seine Aufgabe, so erklärte er, sei es, nun wieder »an der Festigung der Truppe zu arbeiten, damit die Reichswehr das überparteiliche, nur dem Vaterlande dienende scharfe Instrument bleibt, als das sie sich in den letzten Monaten glänzend bewährt hat«.

Bis zum Ende der Republik kam es zu keinen weiteren Versuchen, die Macht im Staate gewaltsam an sich zu reißen. Selbst die erklärten Gegner der Weimarer Republik von links und rechts vermieden eine unmittelbare Konfrontation mit der Staatsgewalt, die über punktuelle, meist situative Konflikte hinausging. Der Putsch war gescheitert, schneller als alle anderen Umsturzversuche in der noch jungen Geschichte der Republik.

Als im Juli 1924 Heinrich Held (BVP) Ministerpräsident von Bayern wurde, sorgte er für einen Ausgleich mit der Regierung in Berlin und setzte das Gewaltmonopol des Staates durch. Zwar blieben viele rechtsextreme und völkische Gruppen informell bestehen – der Stoßtrupp Hitler tarnte sich als Kegelklub –, doch die Polizei überwachte deren Aktivitäten lückenlos. In den Folgejahren war der demokratische Staat nicht blind oder gar wehrlos. Durch polizeiliche Ermittlungen war man auf dem Laufenden, was erneute Planungen und politische Ziele rechtsextremer Gruppen betraf. Immer wieder wurden Waffenlager ausgehoben, Spitzel trugen Aussagen und neue Umsturzfantasien weiter, die meist wortgewaltig, aber wenig konkret waren. Kam es dennoch zur Anklage, konnten die Verdächtigen meist auf eine nachsichtige Justiz hoffen. Das Urteil des Hitlerprozesses war keine Ausnahme.

Als am 23. November 1923 die NSDAP und die KPD reichsweit verboten wurden, sah es für einen Moment so aus, als ob die Republik ihre Feuertaufe bestanden hätte. Das Ende der Hyperinflation und erste

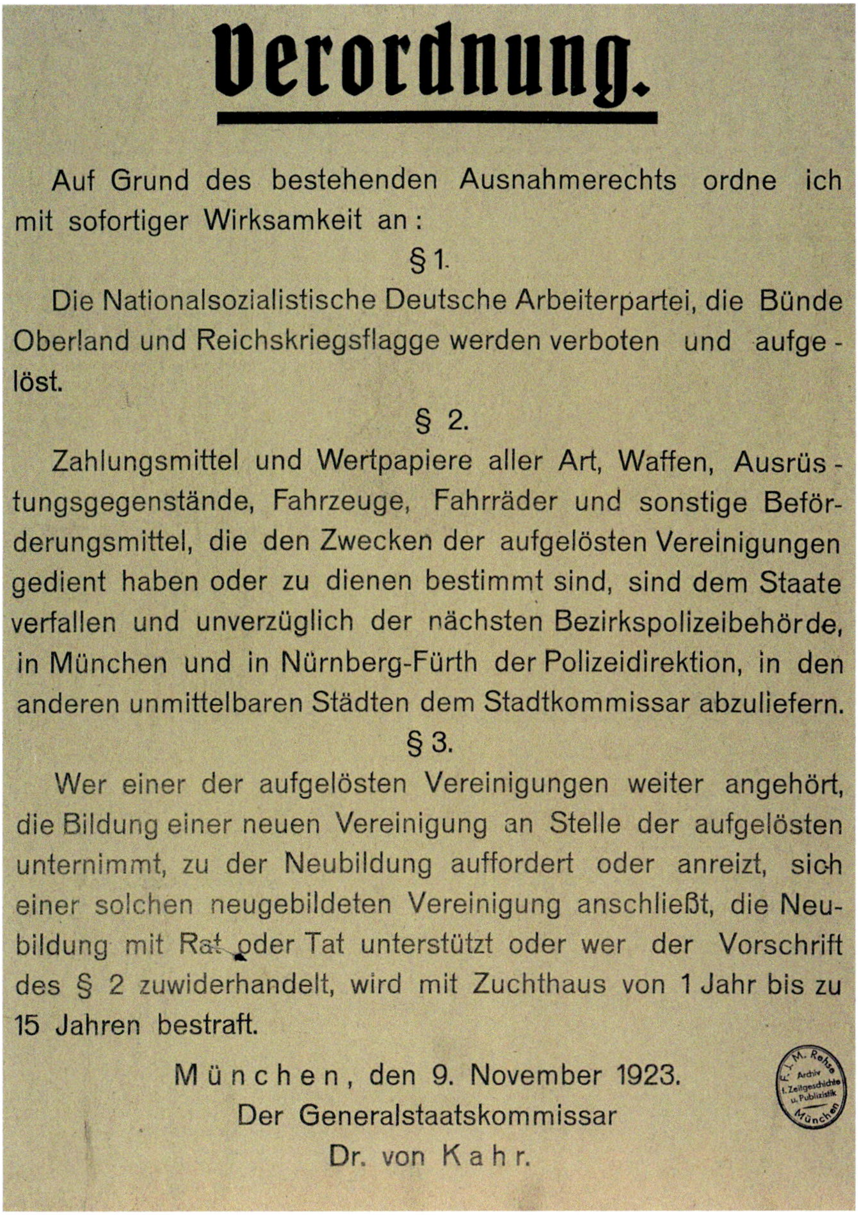

Verordnung.

Auf Grund des bestehenden Ausnahmerechts ordne ich mit sofortiger Wirksamkeit an:

§ 1.

Die Nationalsozialistische Deutsche Arbeiterpartei, die Bünde Oberland und Reichskriegsflagge werden verboten und aufgelöst.

§ 2.

Zahlungsmittel und Wertpapiere aller Art, Waffen, Ausrüstungsgegenstände, Fahrzeuge, Fahrräder und sonstige Beförderungsmittel, die den Zwecken der aufgelösten Vereinigungen gedient haben oder zu dienen bestimmt sind, sind dem Staate verfallen und unverzüglich der nächsten Bezirkspolizeibehörde, in München und in Nürnberg-Fürth der Polizeidirektion, in den anderen unmittelbaren Städten dem Stadtkommissar abzuliefern.

§ 3.

Wer einer der aufgelösten Vereinigungen weiter angehört, die Bildung einer neuen Vereinigung an Stelle der aufgelösten unternimmt, zu der Neubildung auffordert oder anreizt, sich einer solchen neugebildeten Vereinigung anschließt, die Neubildung mit Rat oder Tat unterstützt oder wer der Vorschrift des § 2 zuwiderhandelt, wird mit Zuchthaus von 1 Jahr bis zu 15 Jahren bestraft.

München, den 9. November 1923.

Der Generalstaatskommissar

Dr. von Kahr.

Nach dem Putsch wurde die NSDAP reichsweit verboten. In Preußen galt seit November ein Parteiverbot. Bereits im Juli war in Baden und Thüringen ein Verbot der NSDAP ausgesprochen worden.

außenpolitische Erfolge läuteten eine Phase vermeintlicher Stabilität ein. Mit der Währungsreform gingen eine wirtschaftliche Erholung und der Rückgang der Arbeitslosigkeit einher. Dass die Kräfte, die Parlamentarismus und Parteiendemokratie weiter vehement ablehnten, mehr als sichtbar blieben, war zwar ein Zeichen dafür, dass die Republik auch nach den unruhigen Anfangsjahren alles andere als gefestigt war. Ihr Ende 1933 war allerdings keineswegs unvermeidbar.

Die Reichswehr unterwarf sich 1933 der Kanzlerschaft Hitlers nicht nur aus Opportunitätsgründen. Viele Offiziere waren der NSDAP und Hitler zugetan. Unter ihnen gab es 1933 überzeugte Nationalsozialisten. Offiziere wie Eduard Dietl waren keine Ausnahme. Andere Männer teilten die vielfach geäußerte Überzeugung, nun müsse Hitler eben zeigen, was er könne. Und diejenigen, die Hitler fernstanden, sahen sich durch ihren Eid gebunden, denn schließlich hatte der Oberbefehlshaber der Reichswehr, Reichspräsident Paul von Hindenburg, Hitler als dem Vorsitzenden der größten Partei im Reichstag die Kanzlerschaft angetragen. Als General Hammerstein-Equord, nunmehr Chef der Heeresleitung, im Oktober 1933 seinen Abschied einreichte, gab das Gros des Offizierkorps endgültig den Anspruch auf, die politischen Geschicke des Reiches mitzuentscheiden, die Nation gegen Angriffe von innen wie außen zu verteidigen und mehr zu sein als eine reine Funktionselite. Die neue Armee Hitlers, die Wehrmacht, wurde zu einem Instrument nationalsozialistischer Vernichtungs- und Eroberungsfantasien.

↗ Nach 1933 inszenierte die NSDAP jedes Jahr eine Gedenkveranstaltung an den 9. November. Die »Alte Garde« marschierte vom Bürgerbräukeller bis zur Feldherrnhalle, um der Toten zu gedenken. An der Spitze stand Julius Streicher. Hitler und Göring führten den Zug gemeinsam mit anderen ehemaligen Putschteilnehmern an.

Der Putsch in der nationalsozialistischen Erinnerungskultur

Der 9. November 1923 wurde in der Selbstinszenierung des NS-Regimes sowie im Festkalender von Staat und Partei ein zentrales Datum. Dabei durchliefen die Instrumentalisierung und Interpretation der Ereignisse im Bürgerbräukeller und vor der Feldherrnhalle durch die nationalsozialistische Propaganda verschiedene Phasen. Von 1923 bis 1933, im NS-Jargon als »Kampfzeit« bezeichnet, diente die Erinnerung an den Putsch vor allem der Mobilisierung in der NSDAP und der SA. Nach der »Machtergreifung« erklärten die Nationalsozialisten den 9. November zum nationalen Feiertag. Kaum hatten sie Mitte März 1933 auch in Bayern die Macht übernommen, legte Hitler auf den Stufen der Feldherrnhalle einen Kranz nieder mit der Aufschrift: »Und Ihr habt doch gesiegt!«

Der bereits vor 1933 entstandene Kult um die Blutfahne, die Fahne, die während des Putsches mitgeführt und mit dem Blut der toten Putschisten getränkt worden war, gipfelte nach 1933 im neu geschaffenen

Jährlich am 9. November gedachten die Nationalsozialisten der beim Putsch getöteten, die 1935 in zwei »Ehrentempeln« beerdigt worden waren. Hitler hatte verkündet, dass er nach seinem Tod zwischen den toten Putschisten beigesetzt werden wolle.

Blutorden. Diese Auszeichnung der NSDAP war zunächst den Teilnehmern am Hitlerputsch vorbehalten, zu denen auch die meisten Infanterieschüler zählten. Der Orden galt als höchste Auszeichnung des NS-Regimes und seine Träger waren privilegiert. In der Bundesrepublik zählt der Blutorden neben anderen Ehrenzeichen der NSDAP zu den verfassungsfeindlichen Symbolen.

In München als »Hauptstadt der Bewegung« trachteten die Nationalsozialisten danach, einen Ort zu schaffen, an dem sie den Putsch mittels Propaganda entsprechend inszenieren konnten: 1935 wurden auf dem Königsplatz zwei Ehrentempel für die »Blutzeugen der Bewegung« errichtet, die als Kulisse für die weiter jährlich am 9. November aufwendig inszenierten Gedenkfeiern dienten. 1938 begann nach der Erinnerungsfeier die Reichspogromnacht, in deren Folge mehrere hundert deutsche Juden umgebracht wurden oder sich das Leben nahmen sowie weit über 1000 Synagogen und jüdische Einrichtungen zerstört wurden.

Mit Beginn des Zweiten Weltkriegs 1939 rückte die Betonung von Kampfbereitschaft und Opferwillen immer stärker in den Vordergrund.

Hitler traf jährlich im Bürgerbräukeller die Putschteilnehmer, und der Marsch zur Feldherrnhalle wurde nachgestellt. Seine Ansprache wurde im Radio übertragen. »Die Rede des Führers vor der Alten Garde habe die größten Sorgen der Bevölkerung gebannt und den Glauben und die Zuversicht der Volksgenossen gestärkt«, hieß es im geheimen Bericht des SD vom 11. November 1943. Doch am Ende konnte auch die Macht der Worte Hitlers die Wirklichkeit nicht bezwingen. 1943 fand die zuvor aufwendig inszenierte Gedenkveranstaltung das letzte Mal im Beisein Hitlers statt.

Am 9. November 1944, als der Krieg bereits verloren war, sprach Propagandaminister Joseph Goebbels in Berlin vor dem letzten Aufgebot, dem angetretenen Volkssturm. Kriegsversehrte, alte Männer und Kinder standen vor ihm. Goebbels beschwor noch einmal die »Blutzeugen«

Die nach der Erinnerungsfeier in der Nacht vom 9. auf den 10. November 1938 zerstörte Synagoge in München.

Georg Elser

Am 8. November 1939 fand wie jedes Jahr im Münchner Bürgerbräukeller die Gedenkveranstaltung der Nationalsozialisten zur Erinnerung an den Putsch 1923 statt. Wie immer versammelte sich die Elite des NS-Regimes. Doch anders als sonst verweilte Hitler nicht lange unter den sogenannten »Alten Kämpfern«, sondern verließ vorzeitig die Veranstaltung und entging so nur knapp einem Attentat. Der Kunstschreiner Georg Elser war verantwortlich für den Anschlag, von dem die Nazis lange nicht glauben konnten, dass ein Mann ganz alleine die umfangreiche Vorbereitung geleistet und den präzisen Plan ausgearbeitet hatte.

Elser, wie Hitler Kriegsveteran, war ein früher Gegner des Nationalsozialismus. 1933 hatte er den Hitlergruß verweigert. 1938 entschloss er sich zur Tat. In mehr als 30 Nachtschichten präparierte er eine Säule im Bürgerbräukeller, in der er eine Bombe mit Zeitzünder deponieren wollte. Die Bombe sollte Hitler während der Gedenkveranstaltung am 8. November töten.

Als die Bombe explodierte, war Hitler jedoch schon weg und von den ursprünglich 3000 Anwesenden waren nur noch gut 120 vor Ort. Acht Menschen starben. Elser hatte seine Flucht in die Schweiz vorbereitet, wurde jedoch in Konstanz verhaftet. Als »Sonderhäftling des Führers« wurde Elser erst im KZ Sachsenhausen und später im KZ Dachau inhaftiert. Dort wurde Elser kurz vor Kriegsende im April 1945 ermordet.

der Bewegung, die 22 Jahre zuvor vor der Feldherrnhalle getötet worden waren. Die Erinnerung sollte den Durchhaltewillen stärken und den Eindruck vermitteln, dass auch in auswegloser Lage und angesichts eines drohenden Scheiterns ein Erfolg am Ende möglich sei. Der Volkssturm sollte als Armee der Partei, nicht als Teil der Wehrmacht, den revolutionären Geist von 1923 wiedererwecken.

Die »Blutfahne«, die Fahne, die von den Putschisten 1923 mitgeführt worden war, fand noch einmal Verwendung, als die drei ältesten und die drei jüngsten Volkssturmmänner Münchens 1944 den Eid darauf ablegten. »Dass die in München angetretenen Volkssturmbataillone ihren Eid in der Gedächtnisstunde für die Toten des 9. November 1923 und auf die Blutfahne, das kostbare Symbol des nationalsozialistischen Deutschlands, ablegen können, ist eine hohe Verpflichtung«, tönte die Propaganda. Das konnte nicht darüber hinwegtäuschen, dass der wesentliche Teil der Inszenierung zum 9. November in München fehlte: Es gab keine Rede Hitlers im Bürgerbräukeller. Stattdessen verlas Heinrich Himmler am 12. November eine Proklamation. Die Veranstaltung blieb ein »blasser Schatten« des sonst inszenierten Festes im nationalsozialistischen Jahreskalender. Die Enttäuschung bei den Treuesten der Treuen war groß.

Der letzte Versuch, die treuesten Nationalsozialisten zum Kampf anzustacheln, war so vergeblich wie der Putsch 1923. Doch diesmal machte Hitler im Angesicht des Scheiterns seine Selbstmorddrohung wahr. Er erschoss sich Ende April 1945 im Bunker der Reichskanzlei. Mit ihm ging das »Dritte Reich« unter. Die völlige Überhöhung des Hitlerputsches von 1923 wirkt bisweilen fort, denn auch heute noch neigt man dazu, die Ereignisse im November 1923 in Verbindung mit der »Machtergreifung« 1933 zu betrachten. Im Vergleich zum Kapp-Putsch wurde die Republik aber 1923 durch Hitler nicht ernsthaft gefährdet. Dies änderte sich erst, als nach der Weltwirtschaftskrise Anfang der 1930er Jahre die Feinde der Republik erneut antraten, um diese zu zerstören. Die Kräfteverhältnisse hatten sich nach und nach zugunsten Hitlers verschoben, sodass sein zweiter Griff nach der Macht 1933 schließlich gelingen sollte.

↗ Seit 2015 ist das NS-Dokumentationszentrum München ein Lern- und Erinnerungsort zur Geschichte des Nationalsozialismus. Hier stand bis zur Zerstörung im Krieg das »Braune Haus«, die Parteizentrale der NSDAP.

Ein Epilog zum Eid

Die Infanterieschüler wurden nach dem Scheitern des Putsches vernommen. Die Rädelsführer wurden ermittelt und mussten die Reichswehr verlassen. Einer der jungen Männer hatte Glück: Wolfdietrich von Xylander war inzwischen zum Oberfähnrich befördert worden. Reichswehrminister Geßler schrieb in der Angelegenheit persönlich: »Im Falle des Oberfähnrichs von Xylander ließ die rein dienstliche Würdigung der schweren Verfehlung das Ausscheiden geboten erscheinen. Lediglich die Tatsache, dass der Oberfähnrich von Xylander unter seinen sämtlichen Jahrgangskameraden das beste Examen gemacht hat und von seinen Vorgesetzten in jeder Richtung ausgezeichnet beurteilt wird, ferner der Umstand, dass er sein Verhalten selbst tief bedauert, haben den Herrn Reichspräsidenten bestimmt, ausnahmsweise die weitere Belassung im Dienste zu verfügen.«

Nicht nur Seeckt, auch Geßler übte nach dem Putsch scharfe Kritik an den Offizieren. Der Minister schlussfolgerte nicht etwa, dass künftig die Loyalität zur Republik ein Maßstab zur Beurteilung werden müsse, sondern pochte auf das Prinzip, der Soldat habe unpolitisch zu sein: »Im

Übrigen kann ich mich des Eindrucks nicht erwehren, dass die Schwere und Bedeutung, welche gerade derartige Verfehlungen für die Reichswehrleitung haben, doch vielleicht nicht in vollem Umfange erkannt worden ist. Für die Reichswehr ist und muss es heute oberstes Ziel und Gesetz sein, sich allen innerpolitischen Gegensätzen unbedingt fernzuhalten, um in den Wogen des Kampfes der Meinungen dem Reich der sichere und entscheidend wichtige Halt zu bleiben.«

Xylander blieb Soldat, im Dienst erlebte er die »Machtergreifung« Hitlers und den Zweiten Weltkrieg. Im Dezember 1944 wurde er zum Generalleutnant befördert. In einer Beurteilung aus dem Jahre 1943 ist zu lesen, er sei »überzeugter nationalsozialistischer Blutordensträger«. Xylander fiel Anfang 1945 an der Ostfront bei Dresden. Die Teilnahme am Hitlerputsch hatte in der Weimarer Republik seiner militärischen Karriere nicht geschadet, hatte sie im Dritten Reich wohl aber auch nicht befördert.

Den in München am 11. November abgebrochenen Lehrgang durften die Infanterieschüler im Mai 1924 fortsetzen. Die Schule in München wurde geschlossen und auf den Truppenübungsplatz Ohrdruf in Thüringen verlegt. Seeckt war vor Ort und ließ die Männer antreten. »Das erste Mal in meinem Leben stehe ich vor Soldaten, die gemeutert haben…«, lauteten angeblich seine Worte gegenüber den Infanterieschülern, die während seiner 20 Minuten dauernden Rede im Stillgestanden verharren mussten.

Seeckts Urteil war vernichtend: »Wenige Schulwochen können nicht schaffen, was mehrere Truppenjahre hindurch versäumt worden ist, besonders dann nicht, wenn sich die Schülermenge in einer Mentalität zusammenfindet, die nicht etwa patriotisch genannt zu werden verdient, sondern als militärisch zuchtlos bezeichnet werden muss.« Und er übte Selbstkritik: »Wir haben noch nicht verstanden, unsern Offiziernachwuchs auch nur in den elementarsten Grundsätzen wahrer Disziplin zu unterweisen. Widerstandslos folgte die Masse der Schüler einem Abenteurer und verlässt ihre Offiziere. Das Verhalten der Infanterie-Schule am 8./9. November 1923 ist ein Flecken auf der Ehre der jungen Armee.«

In den folgenden Jahren blieb die Reichswehrführung politisch auf Seeckts Linie und nahm Einfluss auf die Geschicke der Republik. Und die Reichswehr wurde ihrem Anspruch gerecht, die staatliche Ordnung zu schützen. Dass mit Hitlers Ernennung zum Reichskanzler 1933 das

Kurt von Hammerstein-Equord (1878–1943) war von 1930 bis 1933 Chef der Heeresleitung und ein erklärter Gegner der Nationalsozialisten. Während des Hitlerputsches war er Bataillonskommandeur in Magdeburg. Die Offizieranwärter seiner Einheit blieben ihrem Eid treu und verweigerten sich Hitler.

»Ende der politischen Generale« gekommen war, entbehrt nicht einer gewissen Ironie. Im Tausch gegen neue Waffen und die Wiedereinführung der Wehrpflicht gab die Reichswehr jeden Anspruch auf, die Politik mitzugestalten. Es war Hitler, der den Primat der Politik nun auch gegenüber der Armee durchsetzte – aber nicht für die Demokratie, sondern für eine totalitäre Diktatur.

Eidestreue und Gehorsam hatten 1923 verhindert, dass die Reichswehr oder auch nur einzelne Offiziere und Truppen sich auf die Seite Hitlers schlugen. Ferdinand Schörner, der während des Putsches 1923 Adjutant von Lossow war, und Eduard Dietl gehörten im Dritten Reich zu Hitlers Lieblingsgeneralen. Im Jahr 1923 blieben sie ihrem Eid zumindest formal treu und marschierten nicht mit Hitler zur Feldherrnhalle, obwohl beide bereits zu diesem Zeitpunkt überzeugte Nationalsozialisten waren. Nur den jungen Infanterieschülern hatte der Eid nicht den notwendigen Halt gegeben. Manch einer mag geglaubt haben, das eigene Handeln sei legitim, doch den meisten musste der Charakter der Aktion klargewesen sein.

Die Offiziere des Umsturzversuchs vom 20. Juli 1944 hingegen wollten angesichts der Verbrechen, derer sie gewahr wurden, ihrem Eid auf Hitler nicht länger folgen. Einige von ihnen hatten die »Machtergreifung« Hitlers offen begrüßt. Wieder andere hatten sich täuschen lassen. Auch sie hatten allesamt den Eid auf Hitler geschworen. Im Gegensatz zu den allermeisten fanden sie die Kraft zum Widerstand.

Wessel Freiherr Freytag von Loringhoven, Kurt Hahn und Georg Schulze-Büttger besuchten 1923 ebenfalls die Infanterieschule in München und waren Roßbach begeistert gefolgt. Am 20. Juli 1944 gehörten sie jedoch zum Kreis der Verschwörer gegen Hitler. Als sie sich dem militärischen Widerstand gegen Hitler anschlossen, hatten sich die drei Männer nicht im jugendlichen Überschwang auf ein Abenteuer eingelassen, das sie nicht überblicken konnten. Diesmal geschah der Eidbruch vorsätzlich, wohlüberlegt und von langer Hand geplant. Ob sie dabei gewesen waren, als Hitler damals im Oktober 1923 bei der Kundgebung im Wurzerhof gefordert hatte, nicht stumpfsinnig den Buchstaben des geschworenen Eides zu folgen, sondern von einem »sinngemäßen Gehorsam« gesprochen hatte? Von Loringhoven wird berichtet, dass er nach dem gescheiterten Putsch weinend auf dem Bett in seiner Stube gelegen habe. Als einer seiner Vorgesetzten ihm gut zureden wollte, soll er verzweifelt geantwortet haben: »Wir wollten das Vaterland retten – und nun sind wir Meuterer!« Als ihm klar wurde, dass nicht nur der Putsch gescheitert war, sondern er damit auch seinen Eid gebrochen hatte, bereute er sein Handeln offensichtlich tief.

Hansjochen Leist, der schon im September 1923 seinen Kommandeur Hammerstein-Equord gefragt hatte, wie er sich verhalten sollte, schrieb kurz vor dem Putsch: »Eine Regierung, deren Politik und deren Mitglieder ich zu allen Teufeln wünsche, halte ich für eine Ehrenpflicht, mit allen Mitteln zu verteidigen.« Im Gegensatz zu seinem Kameraden Loringhoven blieb er seinem Eid treu.

Der Schwur, der die Soldaten erst an die Republik und dann an Hitler sowie das Dritte Reich band, wurde zum Mühlstein um den Hals von vielen, die erkennen mussten, wem sie die Treue geschworen hatten, aber aus dem eigenen Selbstverständnis heraus keinen Weg fanden, um sich von der Pflicht ihres Eides zu befreien.

In unmittelbarer Nähe des damaligen Geschehens, auf dem Gelände des später von den Nationalsozialisten errichteten »Braunen Hauses«, steht heute in München das NS-Dokumentationszentrum. Gemeinsam haben die Stadt München, der Freistaat Bayern und die Bundesrepublik dort einen Ort geschaffen, der der Auseinandersetzung mit diesem

Vier Polizisten starben, als sich die bayerische Landespolizei den Putschisten an der Feldherrnhalle in den Weg stellte. Seit 2011 erinnert eine Gedenktafel an Oberwachtmeister Friedrich Fink, Unterwachtmeister Nikolaus Hollweg, Hilfswachtmeister Max Schoberth und Hauptmann Rudolf Schraut.

dunklen Teil der Geschichte dient. Auf dem Odeonsplatz hingegen muss man eine Weile suchen, bis man Zeugnisse oder eine Erinnerung an die damaligen Ereignisse entdeckt. An der gegenüberliegenden Residenz erinnert seit 2011 eine kleine Gedenktafel an die vier bayerischen Polizisten, die bei der Niederschlagung des Putsches ihr Leben verloren. Die am Königsplatz 1935 errichteten »Ehrentempel« zur Verehrung der »Blutopfer«, wie die Nazis die Putschtoten nannten, gibt es genauso wie die Tafel mit den Namen der toten Putschisten an der Feldherrnhalle nicht mehr. Während der Zeit des Nationalsozialismus mussten alle vorbeigehenden Passanten diese Tafel mit dem Hitlergruß grüßen. Wer sich dem entziehen wollte, der konnte durch die Viscardigasse einen kleinen Umweg nehmen. Schnell erhielt die Gasse im Volksmund den Namen »Drückebergergasserl«.

Zwei Dinge kann man nicht ändern: Geografie und Geschichte. Einer Auseinandersetzung mit unserer Vergangenheit kann man aus dem Weg gehen, sich davor drücken – gerade dann, wenn es unangenehm erscheint. Und viele zeitgenössische Diskussionen über die Krisen des 21. Jahrhunderts werden ahistorisch geführt. Dieses Buch soll dem entgegenwirken. Das Krisenjahr 1923 hilft uns nicht nur, den weiteren Gang unserer eigenen Geschichte zu verstehen, sondern es kann auch Denkanstöße geben, um sich mit der Frage, wie sich die Deutschen als Nation in der Mitte Europas in Krisenzeiten derzeit und künftig verhalten sollen, bewusst auseinanderzusetzen.

Anhang

Zeittafel

1918

9. November	Novemberrevolution und Abdankung Kaiser Wilhelms II. sowie Ausrufung der Republik in Berlin durch Philipp Scheidemann (SPD)

1919

5.–12. Januar	»Spartakusaufstand«
15. Januar	Ermordung von Karl Liebknecht (KPD) und Rosa Luxemburg (KPD)
19. Januar	Wahlen zur Nationalversammlung
11. Februar	Wahl Friedrich Eberts (SPD) zum ersten Reichspräsidenten der Republik
6. März	Gesetz über die Bildung einer vorläufigen Reichswehr
2. Mai	Regierungstreue Verbände beenden die am 7. April ausgerufene Münchener Räterepublik.
28. Juni	Unterzeichnung des Friedensvertrags von Versailles, dessen Bestimmungen viele Zeitgenossen als demütigend auffassten
11. August	Reichspräsident Ebert unterzeichnet die Weimarer Reichsverfassung.
16. September	Adolf Hitler wird Mitglied der DAP.

1920

24. Februar	Erste Massenveranstaltung der DAP: Hitler verkündet das 25-Punkte-Programm der Partei (u. a. Aufhebung des Versailler Vertrags), Umbenennung der DAP in NSDAP.
13.–17. März	Kapp-Putsch: Besetzung des Berliner Regierungsviertels, Reichswehr lehnt Einsatz gegen Putschisten

ab, Ausrufung eines Generalstreiks, Regierungsumbildung nach Scheitern des Putsches.
In Bayern: Rücktritt der SPD-Regierung, Gustav Ritter von Kahr wird Ministerpräsident einer rechtsgerichteten Regierung, Bayern wird zur Hochburg für die Gegner der Weimarer Republik.

März/April — Kommunistische Aufstände in Mitteldeutschland und im Ruhrgebiet, Fortsetzung des Generalstreiks Bildung einer »Roten Ruhrarmee« und bürgerkriegsähnliche Zustände führen zum Eingreifen von Regierungstruppen.

1921

23. März — Der Reichstag beschließt das Wehrgesetz, das die künftige Struktur der Armee (100 000 Mann Reichsheer, 15 000 Mann Marine) festlegt.

21. Mai — Schlacht am St. Annaberg: Endpunkt der Kämpfe in Oberschlesien, mit denen Aufständische einen Anschluss an Polen erreichen wollten. Die Abtretung Ostoberschlesiens an Polen im Mai 1922 führt zu einer nationalen Empörung in Deutschland.

29. Juli — Hitler wird Parteivorsitzender der NSDAP.

26. August — Ermordung des Politikers Matthias Erzberger (Zentrum) durch Rechtsextremisten.

29. August — Als Reaktion auf den Tod Erzbergers verhängt Reichspräsident Ebert den Ausnahmezustand, was zu Konflikten zwischen der Reichsregierung und Bayern führt.

4. November — Auf einer NSDAP-Kundgebung im Münchener Hofbräuhaus kommt es zu einer Saalschlacht, die zum Gründungsmythos der SA stilisiert wird.

1922

24. Juni	Rechtsextremisten ermorden Außenminister Walther Rathenau (DVP).
21. Juli	Das »Gesetz zum Schutz der Republik« erlaubt es, republikfeindliche Vereinigungen zu verbieten und strafrechtlich zu verfolgen. Bayern erkennt das Gesetz nicht an und verabschiedet eine eigene Notverordnung zum Schutz der Verfassung.
August	Beschleunigung der Inflation, Währung verliert massiv an Kaufkraft.

1923

	Hyperinflation kennzeichnet das Jahr 1923: Am 3. Januar kostet 1 kg Roggenbrot 163 Mark, am 19. November 233 Mrd. Mark.
11. Januar	Wegen ausstehender Reparationsleistungen besetzen französische und belgische Truppen das Ruhrgebiet. Beginn des »Ruhrkampfes«, passiver Widerstand bis September.
27. – 29. Januar	Erster Parteitag der NSDAP in München.
1. Mai	»Aufmarsch auf dem Oberwiesenfeld«: Polizei und Reichswehr unterbinden eine geplante Konfrontation Hitlers mit der Kundgebung der Arbeiterbewegung.
1./2. September	»Deutscher Tag« in Nürnberg: Gründung des Deutschen Kampfbundes bestehend aus SA, Bund Oberland und Reichsflagge.
25. September	Hitler wird politischer Leiter des Kampfbundes. Aus einem Wehrverband wird so der militärische Arm der NSDAP.
26. September	Ende des »Ruhrkampfes«, Wiederaufnahme der Reparationszahlungen. Verhängung des Ausnahmezustandes in Bayern. Kahr wird zum Generalstaatskommissar mit diktatorischen Vollmachten ernannt.

27. September	Die Reichsregierung verhängt einen deutschlandweiten Ausnahmezustand. Die vollziehende Gewalt geht an Reichswehrminister Otto Geßler. Sorge vor einem rechten Putsch aus Bayern.
28. September	Geßler verbietet Druck und Vertrieb des *Völkischen Beobachters* wegen Beleidigung der Reichsregierung.
Oktober	»Deutscher Oktober«: kommunistische Aufstände in Hamburg, Thüringen, Sachsen, die von der Reichswehr beendet werden. Separatistische Bestrebungen im Rheinland und der Pfalz.
1. Oktober	Reichswehr schlägt den Küstriner Putsch nieder, der die deutsche Reichsregierung stürzen wollte.
20. Oktober	Ebert enthebt General Otto von Lossow, bayerischer Reichswehrkommandeur, seines Amts, weil dieser sich weigert, das Verbot des *Völkischen Beobachters* durchzusetzen. Die Amtsenthebung erkennt die bayerische Staatsregierung nicht an.
24. Oktober	Kahr, Lossow und Seißer bilden ein Triumvirat und stellen Überlegungen einer möglichen Machtergreifung im Reich von Bayern aus an. Mindestens will man die Reichsregierung massiv unter Druck setzen.
8./9. November	Hitlerputsch in München.
Mitte November	Ausgabe einer neuen Währung, der Rentenmark, Ende der Hyperinflation.

1924

26. Februar	Beginn des Prozesses gegen Hitler und die führenden Putschisten vor dem Volksgericht München I wegen Hochverrats
1. April	Urteilsverkündung. Hitler wird wegen Hochverrats zu fünf Jahren Festungshaft verurteilt. Nach sechs Monaten wird er auf Bewährung entlassen. Eine Ausweisung Hitlers, der zu diesem Zeitpunkt noch kein deutscher Staatsbürger war, und die auf der Grundlage des Gesetzes zum Schutz der Republik möglich ist, findet nicht statt.

Literaturhinweise

Armitage, David: Bürgerkrieg. Vom Wesen innerstaatlicher Konflikte. Stuttgart 2018.

Baumgart, Winfried (Hrsg.): Friedrich Freiherr Kress von Kressenstein. Bayerischer General und Orientkenner. Lebenserinnerungen, Tagebücher und Berichte 1914–1946. Paderborn 2020.

Benz, Wolfgang (Hrsg.): Politik in Bayern 1919–1933. Berichte des württembergischen Gesandten Carl Moser von Filseck. Stuttgart 1971.

Gritschneder, Otto: Der Hitler-Prozeß und sein Richter Georg Neithardt. München 2001.

Heinemann, Patrick Oliver: Rechtsgeschichte der Reichswehr 1918–1933. Paderborn 2018.

Jones, Mark: Am Anfang war Gewalt. Die deutsche Revolution 1918/19 und der Beginn der Weimarer Republik. Berlin 2017.

Large, David Clay: Hitlers München. Aufstieg und Fall der Hauptstadt der Bewegung. München 1998.

Keller, Peter: »Die Wehrmacht der Deutschen Republik ist die Reichswehr«. Die deutsche Armee 1918–1921. Paderborn 2014.

Kellerhoff, Sven Felix: Der Putsch. Hitlers erster Griff nach der Macht. Stuttgart 2023.

Möllers, Heiner: Reichswehrminister Otto Geßler. Eine Studie zu »unpolitischer« Militärpolitik in der Weimarer Republik. Frankfurt am Main 1995.

Möller, Horst: Die Weimarer Republik. Demokratie in der Krise. München 2018.

Neitzel, Sönke: Deutsche Krieger. Vom Kaiserreich zur Berliner Republik – eine Militärgeschichte. Berlin 2020.

Niess, Wolfgang: Der Hitlerputsch 1923. Geschichte eines Hochverrats. München 2023.

Pöppinghege, Rainer: Republik im Bürgerkrieg. Kapp-Putsch und Gegenbewegung an Ruhr und Lippe 1919/20. Münster 2019.

Pyta, Wolfram: Hitler. Der Künstler als Politiker und Feldherr. Eine Herrschaftsanalyse. München 2015.

Richter, Hedwig: Demokratie. Eine deutsche Affäre. München 2020.

Siemens, Daniel: Sturmabteilung. Die Geschichte der SA. München 2019.

Stocker, Frank: Die Inflation von 1923. Wie es zur größten deutschen Geldkatastrophe kam. München 2022.

Ullrich, Volker: Deutschland 1923. Das Jahr am Abgrund. München 2022.

Wirsching, Andreas: Vom Weltkrieg zum Bürgerkrieg? Politischer Extremismus in Deutschland und Frankreich 1918–1933/39. Berlin und Paris im Vergleich. München 1999.

Abbildungsnachweis

akg-images: 8, 11, 26, 28/29, 34, 37, 41.1, 41.2, 62, 68; 103 Interfoto

bpk Bildagentur: 76; 7, 57 Heinrich Hoffmann; 81, 83, 88, 91, 108, 121 Bayerische Staatsbibliothek | Heinrich Hoffmann; 139 Deutsches Historisches Museum, Raumbild-Verlag Otto Schönstein / Walter Tröller

Bundesarchiv Bildarchiv: 10 Bild 102–00169; 18 Bild 146–2005–0163; 44 Plak 002–007–133; 54 Bild 102–17144, 70 Bild 102–00190; 73 Bild 146–1978–004–12A; 75 Bild 102–00117; 87 Bild 146–1973–026–43; 92/93 Bild 102–00344; 101 Plak 002–009–038; 115 Bild 183-S71581; 117 Bild 102–17060; 133 Bild 183-H29263; 135 Plak 002–009–029; 145 Bild 102–15361

picture alliance: 80 ullstein bild | Robert Sennecke; 130 dpa | Matthias Balk; 143 Geisler-Fotopress | Petra Schönberger; 147 dpa | Frank Leonhardt

Süddeutsche Zeitung Photo: 20, 59, 97, 105, 126, 138; 15, 16/17, 123 Knorr + Hirth; 23, 43, 48, 53, 58, 60, 65, 66, 79, 98, 111, 125, 137 Scherl; 128 Fotoarchiv für Zeitgeschichte/Ar; 130 brandstaetter images/Votava; 140 dpa

ullstein bild: 32, 78

Personenregister